L'ETHOLOGIE : BIOLOGIE DU COMPORTEMENT

AF130859

PSYCHOLOGIE ET SCIENCES HUMAINES

Jean-Claude Ruwet

l'éthologie : biologie du comportement

DESSART ET MARDAGA, EDITEURS

2, GALERIE DES PRINCES, BRUXELLES

D. 1975-0024-8

A Jacqueline

CHAPITRE PREMIER

INTRODUCTION :
ETHOLOGIE
OU PSYCHOLOGIE ANIMALE ?

Lorsque, interrogé, je dois définir en deux mots mes activités, je ne sais jamais si je dois me présenter comme éthologiste ou comme zoopsychologue. Les idées du grand public, et même celles d'un public déjà mieux formé, sont en effet assez confuses sur ce que cachent exactement ces termes. Ainsi la section de Zoologie de l'Université de Liège a créé récemment un cours intitulé « *Ethologie et Psychologie animale* », et à peu près en même temps, la section de Psychologie a créé un cours qui couvre exactement la même matière, mais s'intitule « *Psychologie et Ethologie animales* ». Ces intitulés semblent indiquer que d'une part, on attribue dans l'un et l'autre cas un champ d'activité différent à l'éthologie et à la psychologie animale, et que d'autre part, on attache plus d'importance à l'éthologie ou au contraire à la psychologie animale selon que l'on est zoologue ou psychologue, puisque l'une et l'autre sont, selon le cas, citées en premier.

En fait, les gens qui font de la psychologie animale, ceux qui la pratiquent, répugnent à utiliser cette expression. Ils sont très inquiets de la signification qu'elle évoque dans l'esprit de leur interlocuteur. Il y a à cela des raisons très simples. En effet, la psychologie et par contrecoup la psychologie animale, n'a pas bonne réputation dans les milieux scientifiques. On y fait grief à la psychologie de ne pas présenter toutes les garanties de rigueur et de sérieux qu'on est en droit d'exiger d'une discipline scientifique, et l'on ne l'y considère pas comme une science à part entière. Cette situation tient au fait que jusqu'à tout récemment, la psychologie était davantage une philosophie qu'une science, et qu'elle a été pratiquée d'abord par des philosophes et des littéraires dissertant d'états de conscience, avant de l'être par des scientifiques s'en tenant avec une stricte objectivité à l'analyse des faits. Cette suspicion dans laquelle on tient la psychologie tend à disparaître dans les pays de langue allemande ou anglaise, mieux au fait de ses progrès et transformations, mais elle persiste dans les pays de langue française, où les efforts des psychologues se heurtent aux préjugés et au scepticisme, et elle rejaillit sur la psychologie animale, je l'ai vérifié maintes fois dans les réalités de la vie quotidienne à mes débuts dans un institut de zoologie et biologie générales. Cette suspicion, en ce qui concerne la psychologie animale, est encore fondée aujourd'hui dans la mesure où on identifie cette dernière à l'étude d'opérations psychiques, de vie mentale, de conscience. Car ces problèmes ne sont toujours actuellement analysables que par l'introspection, et on conçoit que cette méthode est inapplicable aux animaux. Tant qu'ils ne peuvent être objectivés et rendus accessibles à l'analyse expérimentale, en l'absence de tests physiologiques rigoureux, ces phénomènes échappent en fait à notre investigation; il est donc aussi vain d'en nier l'existence chez les animaux, que de l'affirmer. Et vouloir les étudier ou en parler quand même avec les moyens actuels, c'est verser dans un anthropomorphisme et une voie spéculative dépassés.

Pour ces raisons, les trente dernières années ont été dominées par le souci de donner de la psychologie animale une définition objectiviste, la désignant comme *la science du comportement* des animaux. Or c'est là aussi, précisément, la définition de l'éthologie. Certes, dans les pays de langue française, on donne à l'éthologie un sens beaucoup plus restreint, la désignant comme une étude purement descriptive de ce qu'on appelait jadis les mœurs des animaux. C'est là le fait d'une opinion restée à l'écart des développements féconds de l'éthologie dans les pays de langue allemande, néerlandaise et anglaise, et qui demeure attachée au sens originel du vocable créé par le naturaliste français Geoffroy Saint-Hilaire. Mais si on compare le contenu des travaux publiés en anglais et en allemand, on constate que « *Ethology* » est rigoureusement synonyme de « *Tierpsychologie* ».

Ethologie, psychologie animale, science du comportement des animaux, sont donc autant de synonymes pour désigner la discipline qui étudie l'ensemble des conduites innées ou acquises par lesquelles un animal surmonte et résout les difficultés et problèmes que lui pose son environnement physique et biologique pour vivre, survivre, et se reproduire. Pour définir l'esprit avec lequel on doit aborder ces problèmes, et les méthodes permettant de les résoudre, le mieux sans doute est d'évoquer rapidement les grands courants historiques qui se sont succédés, affrontés, et finalement complétés, au cours des cent dernières années.

Au XIXᵉ siècle, au moment où, combinant l'observation et l'expérimentation, elle accède au rang de science véritable, la psychologie animale est dominée par le courant *instinctiviste*, dont le représentant le plus illustre et le plus fécond est l'entomologiste français J. H. Fabre (1823-1915), dont l'œuvre monumentale est condensée dans les 10 volumes de ses « Souvenirs entomologiques » (1879-1908).

A l'époque de Fabre, l'instinct est défini comme un plan de vie inné, qui conduit « fatalement » et « inexorablement » l'animal vers un but dont il n'a même pas connaissance; il est responsable de tous les comportements qui dirigent la vie de relation vers son but de conservation de l'individu et de l'espèce, selon les modalités propres au plan anatomique et physiologique caractéristique d'une espèce donnée; « il sait tout dans les voies immuables qui lui ont été tracées ». Innéité, préformation, fixité, perfection, et spécificité sont ses qualités et caractéristiques.

Ces convictions découlent chez Fabre et ses contemporains de deux constatations : la perfection de l'instinct pur d'une part, et d'autre part l'aberration de l'instinct dès que se présentent des conditions auxquelles il n'est pas adapté. Le comportement du sphex languedocien à l'époque de la ponte peut servir d'exemple à cet égard :

L'hyménoptère, prêt à pondre, se met à la recherche d'une proie précise : une femelle d'éphippigère de la vigne, aux flancs gonflés d'œufs. La proie repérée, le sphex l'attaque et la pique de son dard au thorax, provoquant ainsi la paralysie des ganglions thoraciques moteurs des pattes. Puis, il cherche à proximité un endroit favorable où creuser un terrier; la proie volumineuse, paralysée mais vivante, y sera traînée. Le terrier creusé, le sphex revient à sa proie; il assure la paralysie des pattes par quelques coups de dard supplémentaires dans la région des ganglions thoraciques, puis sans provoquer aucune blessure extérieure, il malaxe et comprime les ganglions cérébroïdes responsables de la mobilité des pièces buccales dont il provoque ainsi la paralysie temporaire. Alors seulement, saisissant l'éphippigère par les antennes, le sphex la traîne vers le terrier, l'y enfouit, et pond un œuf. Le sphex ne peut, comme d'autres hyménoptères s'attaquant à des proies plus petites, transporter la volumineuse éphippigère au vol vers un terrier fixe. Il doit s'installer sur les lieux mêmes où le hasard lui fait découvrir une éphippigère. Chasseur d'abord, il devient ensuite fouisseur. Il peut s'occuper de creuser le terrier près du lieu de capture, la proie, paralysée, ne pouvant s'échapper. La paralysie des pièces buccales le préserve des morsures et blessures malgré la position incommode du transport pédestre. Enfin, le maintien en vie d'une proie paralysée, aux dépenses énergétiques réduites, garantit à l'éclosion de la nourriture fraîche à sa descendance. Mais si jamais l'entomologiste intervient et pose un obstacle imprévu, l'instinct est incapable de le résoudre : si Fabre coupe les antennes de l'éphippigère, le sphex est incapable d'en assurer le transport en la saisissant ailleurs.

Ce sont des faits de cette nature qui ont convaincu Fabre de la perfection prédéterminée de l'instinct, et ont convaincu les vitalistes que les conduites étaient ajustées à une fin.

On a reproché à Fabre d'avoir méconnu les capacités individuelles d'apprentissage. Mais il est juste de dire que celles-ci sont beaucoup moins importantes et apparentes chez les arthropodes que chez les vertébrés. Certains n'ont voulu voir chez Fabre qu'un naturaliste décrivant certes avec talent, minutie et patience, des comportements d'insectes. C'est méconnaître profondément son œuvre, où chaque observation est contrôlée par des interventions d'une très grande finesse. Faut-il rappeler d'ailleurs que c'est une série d'expériences de Fabre sur le rassemblement des sexes chez les Papillons Paons-de-Nuit qui sont à l'origine d'un important courant actuel de recherches visant à l'isolement et la production synthétique de substances attractives, dans le cadre de la lutte biologique contre les insectes.

Fabre voit un jour éclore d'un cocon qu'il avait élevé une femelle de Petit-Paon-de-Nuit. Il n'avait jamais vu auparavant que quelques femelles de cette espèce, et il n'en avait jamais vu le mâle. Fabre place cette femelle dans une enceinte grillagée sur un appui de fenêtre : en quelques heures, des mâles ont été attirés et se pressent sur la cage. Pour déterminer la nature de l'agent attractif, l'entomologiste diversifie et fractionne ses expériences. Une femelle placée dans une enceinte close n'attire aucun mâle. Mais ces derniers se pressent sur une cage vide où la femelle a séjourné récemment. Fabre poursuit les mêmes expériences sur le Grand-Paon-de-Nuit. Il établit que le rapprochement des sexes est assuré quand les femelles émettent une substance attractive et précise que les grandes antennes du mâle sont les organes récepteurs du message chimique. On sait aujourd'hui synthétiser ces substances et les diffuser pour attirer dans un piège à insectes tous les mâles d'un secteur agricole ou forestier avant qu'ils n'aient pu féconder les femelles.

Par son œuvre d'observateur et d'expérimentateur, Fabre est le précurseur incontesté des travaux modernes sur le comportement des insectes de P. P. Grassé et K. Von Frisch. Enfin, Fabre a méconnu les enseignements de Darwin, et n'a pas voulu placer son œuvre dans une perspective transformiste. Il a bien souligné que la classification des insectes pouvait autant se baser sur les caractéristiques des mœurs que sur les structures, mais cette conviction reste au niveau de la taxinomie, et n'accède jamais à celui de la phylogénie. Mais au lieu de critiquer Fabre pour ce qu'il a sous-estimé ou n'a pas su discerner, nous devons au contraire l'admirer sans réserve à la fois pour l'exemple de naturaliste-type qu'il nous a donné, et pour les extraordinaires archives de comportement qu'il a constituées.

Ecoutons celui que Darwin lui-même appelait « l'observateur inimitable » expliquer les difficultés de sa méthode :

Lorsqu'il a mûrement arrêté le plan de ses recherches, le chimiste, au moment qui lui convient le mieux, mélange ses réactifs et met le feu sous sa cornue. Il est maître du temps, des lieux, des circonstances. Il choisit son heure, s'isole dans la retraite du laboratoire où rien ne viendra le distraire de ses préoccupations; il fait naître à son gré telle ou telle autre circonstance que la réflexion lui suggère... Les secrets de la nature vivante, ceux de la vie en action, de l'instinct surtout, font à l'observateur des conditions bien autrement difficultueuses et délicates. Loin de pouvoir disposer de son temps, on est esclave de la saison, du jour, de l'heure, de l'instant même. Si l'occasion se présente, il faut, sans hésiter, la saisir au passage, car de longtemps peut-être ne se présentera-t-elle plus. Et comme elle se présente habituellement au moment où on y songe le moins, rien n'est prêt pour en tirer avantageusement profit. Il faut sur le champ improviser son matériel d'expérimentation, combiner ses plans, dresser sa tactique, imaginer ses ruses... Cette chance d'ailleurs ne se présente jamais qu'à celui qui la recherche. Il faut l'épier patiemment des jours et puis des jours...

La fin du XIXe et le début du XXe siècle ont été marqués par une autre tendance, le courant *mécaniste*, qui est une réaction contre les conceptions instinctivistes et vitalistes, et qui plonge ses racines dans la thèse cartésienne des animaux-machines, réagissant comme de purs automates. Ce courant est issu des travaux de J. Loeb (1859-1924) sur les tropismes chez les végétaux. Loeb a étendu sa théorie des mouvements orientés forcés aux mouvements des animaux sur la base d'observations du type suivant :

Un criquet se dirige en ligne droite vers une source lumineuse, à laquelle il va d'ailleurs se brûler; s'il est éborgné, il est incapable de se déplacer encore en ligne droite, mais il effectue des cercles autour de la source lumineuse. L'ensemble du mouvement comporte une réaction orienteuse et un mouvement de translation. Si la lumière frappe inégalement les moitiés gauche et droite de l'animal, elle provoque une plus forte contraction musculaire du côté qu'elle frappe, et le criquet s'oriente dans l'axe du rayon lumineux; à ce moment, la stimulation égale des photorécepteurs gauche et droit détermine des contractions égales des masses musculaires gauche et droite, et l'insecte se déplace en ligne droite. Le mouvement orienté du criquet est donc la résultante de deux composantes non orientées, la résultante de deux réflexes.

De ce fait important, Loeb a tiré des conclusions plus générales : tous les mouvements orientés sont des tropismes, soit des sommes de réflexes; tous les comportements sont composés de tropismes; les comportements sont des mouvements forcés et inadaptés. Le comportement n'est donc qu'un ensemble de réactions automatiques (1889-1918). Ce mécanisme intégral a donné naissance à une « Psychologie de réaction ». Il a eu le mérite de susciter de très nombreux travaux sur les organes des sens et les perceptions chez les animaux. Mais en raison de ses généralisations, la théorie de Loeb a été en son temps l'objet de critiques impitoyables. On connaît en effet des mouvements orientés spontanément dirigés :

Le papillon de jour *Eumenis semele* fuit un prédateur en volant vers le soleil; éborgné, il est incapable de se diriger encore en ligne droite; il s'agit donc d'une phototaxie. Mais ce papillon éborgné est pourtant capable de suivre d'un mouvement rectiligne une femelle venant à passer; ce mouvement, dont on sait qu'il dépend également de stimuli visuels, n'est donc pas causé par la stimulation simultanée de deux récepteurs visuels, il ne résulte pas de la combinaison de deux réflexes (in Tinbergen, 1953).

Si on admet que le comportement est un ensemble de tropismes, on doit admettre que les mêmes causes doivent toujours, par automaticité, produire les mêmes effets, ce qui est loin d'être le cas :

L'épinoche mâle est stimulé par le ventre rouge d'un autre mâle uniquement à l'époque où il défend un territoire de nidification (cf. Tinbergen, 1953). Les termites ont normalement un géotropisme positif et un phototropisme négatif, mais le sens de ces réactions est inversé au moment des essaimages (cf. Grassé, 1963). La vue d'une chenille provoque chez un oiseau le réflexe de détente du cou, et la présence de cette chenille dans la cavité buccale provoque le réflexe de déglutition, mais au moment des nids, l'oiseau capture la chenille sans l'avaler, et la ramène à ses jeunes. On doit donc admettre qu'il y a dans le comportement plus qu'une simple somme de réflexes.

Jennings (1906 et 1923) enfin, a montré que les animaux sont capables de mouvements orientés appris par un processus d'essais et erreurs :

Etudiant la chimiotaxie et les réactions à la lumière chez des paramécies, il constate que par le seul fait du hasard, et non à la suite de mouvements forcés, elles arrivent à se placer dans les zones du récipient qui leur sont favorables et à éviter celles qui leur sont défavorables.

A la même époque à peu près (1905), Pavlov énonçait les principes et lois du réflexe conditionné, clé explicative des mécanismes d'apprentissage et d'adaptation :

De la poudre de viande, déposée dans la bouche d'un chien, provoque automatiquement, par une liaison physiologique permanente, le réflexe de salivation. Mais finalement, la seule vue du garçon de laboratoire qui apporte la nourriture, ou l'audition d'une sonnerie qui a immédiatement précédé à plusieurs reprises la présentation de poudre de viande, ont le même effet. Le stimulus spécifique inconditionnel, poudre de viande, a été associé à un stimulus non spécifique quelconque, et il s'est établi une liaison temporaire entre ce dernier et la réaction. Cette liaison se défait dès que l'association cesse d'être utile, c'est-à-dire dès qu'on enlève au stimulus conditionnel sa valeur de signal, en cessant de le faire suivre (c'est-à-dire de le *renforcer*) par le stimulus inconditionnel.

Toutefois Jennings d'une part, dont les violentes polémiques avec Loeb sont restées célèbres, et les successeurs de Pavlov d'autre part, ont commis les mêmes erreurs de généralisation que Loeb, en voulant réduire l'ensemble des comportements, le premier à des apprentissages par essais et erreurs, les seconds à des réflexes conditionnés. Ainsi donc, vers les années 1930, toute finalité a disparu des théories explicatives du comportement, avec le triomphe des thèses mécanistes, de la réflexologie, de la psychologie de réaction. L'instinct se dissout dans un ensemble de taxies, et de réflexes conditionnés. A « *l'Instinct est tout* » de Fabre répond désormais « *l'Instinct n'est rien* » de L. Verlaine (Rech. Phil. 1932-33 : 48-61).

En même temps que se développait en Russie une fructueuse école de psychophysiologie issue des découvertes de Pavlov, naissait aux Etats-Unis un mouvement appelé à une égale célébrité : le *Behaviorisme*. Ce mouvement est né de la volonté de quelques psychologues américains d'abandonner les voies spéculatives, et de doter la psychologie de méthodes rigoureuses; par opposition à la psychologie des « états de conscience », il se veut objectif (« behavior » signifie comportement, cf. Watson, 1913). Il est d'essence mécaniste dans la mesure où il repose sur l'étude de l'échange stimulus-réponse. Sa filiation avec Pavlov est évidente, mais contrairement aux Psychophysiologistes, les

Behavioristes négligent volontiers l'étude de l'intermédiaire physiologique, pour se concentrer essentiellement sur l'étude des manifestations extérieures de la réaction.

Les Behavioristes accordent une place prépondérante aux comportements acquis, et même, de Thorndike (1898) à Skinner (1938 et 1963), persiste et se renforce la tendance à ramener aux mécanismes de l'apprentissage l'explication de *tous* les comportements : ceux-ci sont contrôlés, et éventuellement modifiés, par leurs conséquences :

Thorndike place un chat dans une cage, qui peut être ouverte à l'aide d'un loquet ou d'un cordon actionné de l'intérieur. Pour inciter l'animal à chercher à sortir de cette cage, de la nourriture est placée bien en vue, à l'extérieur. Le chat exécute des mouvements désordonnés et par hasard, actionne l'ouverture de la cage. Au fur et à mesure que l'expérience est répétée, il apprend à concentrer son activité au voisinage du loquet ou du cordon, élimine progressivement les gestes inutiles pour sélectionner finalement le seul mouvement efficace récompensé par la sortie (lois de l'exercice et de l'effet).

Skinner a énoncé les principes et lois du *conditionnement operant* ou instrumental (ou skinnérien, ou type II, par opposition ou conditionnement respondant, classique, pavlovien, ou type I) : un animal est placé dans une cage expérimentale munie d'un levier dont la manœuvre est suivie d'une distribution de nourriture. L'animal découvre cette relation par hasard : la pesée sur le levier constitue la *réponse,* et la distribution de nourriture, le *renforcement;* la distribution de nourriture augmente en effet la probabilité d'émission de la réponse. Une expérience de ce genre prouve que l'animal ne subit pas seulement l'influence de son milieu, mais est également à même d'exercer une action sur ce milieu (d'où le terme « operant »), car en l'absence d'un appui spontané sur le levier, aucune stimulation inconditionnelle ne déclenchera cette action. Comme d'autre part, il n'y a à l'origine, avant conditionnement, aucune relation de cause à effet entre la réponse et le renforcement, l'expérimentateur peut librement choisir la réaction qu'il veut étudier, en la renforçant sélectivement. Enfin, en automatisant les appareillages, Skinner a permis d'atteindre une grande continuité et un contrôle quantitatif rigoureux dans des expériences de longue durée (cf. Richelle, 1966).

Le public identifie souvent encore maintenant le Behaviorisme à la Psychologie animale. Il s'agit en fait d'une école de psychologie, qui ne s'intéresse à l'animal que comme matériel expérimental. L'animal n'est pas étudié pour lui-même, mais est ramené au rang d'intermédiaire ou de maillon dans des programmes d'étude des mécanismes de conditionnement et de l'apprentissage. De ce fait, le Béhaviorisme s'est adressé au registre limité des animaux classiques de laboratoire (rat, souris, chat, chien, pigeon, singe rhésus), placés dans des conditions expérimentales guère renouvelées (boîte à problèmes, à choix multiples, appareils à mémoire, épreuve du labyrinthe, cages de Skinner, etc.), schématisant et simplifiant l'environnement à l'extrême, ou au contraire, le reconstruisant de toute pièce. Toutefois, la psychologie animale ne peut ignorer les enseignements théoriques et méthodologiques du Behaviorisme. Ainsi, le principe du conditionnement opérant est essentiel à la compréhension des mécanismes de l'apprentissage et de l'adaptation, et ses ressources expérimentales, déjà appliquées avec succès en d'autres domaines comme la pharmacologie, semblent de nature à favoriser l'étude quantitative de certains comportements et de l'activité rythmique des animaux (cf. Richelle, 1966).

En évoquant cette opposition entre Instinctivistes et Anti-instinctivistes, entre thèses vitalistes et mécanistes, nous avons planté le décor historique au milieu duquel la psychologie animale devait retourner à son véritable objet et trouver son orientation moderne. En effet, la

psychologie animale exclusivement centrée sur le laboratoire, comme la concevaient Psychophysiologistes, Biophysiciens d'inspiration mécaniste, et Behavioristes, ne pouvait
satisfaire les Zoologistes conscients de la diversité et de la
complexité des conduites animales. Aussi, par réaction contre l'utilisation en laboratoire d'un matériel animal limité
et suspect du fait de sa captivité ou de sa domestication,
contre la schématisation et simplification extrêmes de l'environnement expérimental et des conduites analysées, contre l'élaboration de théories générales à partir de quelques
faits particuliers et isolés, des zoologistes de formation
— biologistes de jardin zoologique ou naturalistes de
terrain — se rendirent compte de la nécessité de retourner
aux traditions naturalistes si bien illustrées jadis par Fabre
à propos des insectes. Les tâches les plus urgentes et nécessaires qui s'imposaient à eux étaient d'ordre descriptif et
consistaient à entreprendre l'immense inventaire des comportements dans la série animale, à observer et enregistrer
leur enchaînement logique, en un mot, à tracer des éthogrammes.

Pour illustrer la nécessité d'étudier les comportements dans
leur suite logique, on cite souvent les travaux de Baerends
(1941) sur la guêpe fouisseuse *Ammophila campestris*. Au
moment de pondre, la femelle creuse un trou, y pond un
œuf, et y enfouit une chenille qui servira de nourriture fraîche
à la larve. Elle recommence ensuite la même opération pour
un second, et éventuellement un troisième œuf. Mais pendant
ce temps, le premier et le deuxième œufs ont éclos, et les
larves ont besoins de nouvelle nourriture. La femelle doit donc
partager son activité entre plusieurs larves se trouvant à des
stades de développement différents, et dont les besoins en
nourriture sont différents. Baerends a constaté que la femelle
visitait tous ses trous le matin, et que le contenu de chaque
trou en chenilles lors de cette visite matinale déterminait son
comportement pour le reste de la journée; en effet, la modi-

fication du nombre de chenilles en réserve dans un trou avant la visite matinale pouvait déterminer la femelle à apporter plus ou moins de nourriture pendant la journée; mais une modification après cette visite était sans effet sur son comportement. Baerends a ainsi montré à quel moment précis de la vie de la guêpe fouisseuse il était important d'être sensible à un stimulus, d'en conserver le souvenir, et pour combien de temps. Il est douteux qu'on ait pu atteindre une telle précision par la méthode classique d'étude de la mémoire au moyen de la réaction différée, qui consiste à ne laisser réagir un animal qu'un certain temps après l'émission d'un stimulus, et où le délai maximum toléré entre le stimulus et la manifestation de la réponse fournit une mesure de la mémoire. On peut se demander de même dans quelle mesure un fait isolé dans des conditions expérimentales en laboratoire correspond encore au même fait replacé dans son contexte naturel, et dans quelle mesure les conclusions obtenues sur ce fait isolé dans les conditions schématiques et simplifiées du laboratoire sont encore applicables au fait considéré dans sa suite logique.

Les naturalistes qui ont entrepris ces tâches sont généralement groupés sous l'étiquette d' « éthologistes objectivistes » ou « néo-instinctivistes ». C'est une école essentiellement européenne dont le chef de file incontesté est le zoologue autrichien Konrad Lorenz. C'est lui qui a conféré à cette école ses lettres de noblesse scientifiques. Sa personnalité est si forte, sa production si féconde, son œuvre de synthèse et de théoricien du comportement a un tel rayonnement, qu'il rassemble à la fois sous son nom ses prédécesseurs et ses successeurs, et qu'on parle volontiers d'éthologie lorenzienne ou d'analyse lorenzienne du comportement.

La grande époque de cette école se situe vers les années 1935-1950. Mais toutes les grandes découvertes faites alors étaient déjà contenues en germe, et même parfois explicitées, dans l'œuvre de trois pionniers : d'une part,

Julian S. Huxley, authentique représentant de l'aristocratie zoologique de la « Royal Society », et qui se consacre entre 1910 et 1925 à l'étude des parades chez les grèbes, les plongeons et les hérons; d'autre part, l'Américain Charles O. Whitman et l'Allemand Oskar Heinroth qui, avec l'enthousiasme inhérent à leur qualité d'amateurs, se consacrent, le premier, à l'étude des pigeons (1898-1919), le second, à l'étude des Anatidés — oies et canards (1911-1914).

Au début, les naturalistes de ce type ou « ethologistes », équipés de simples jumelles, parfois d'un appareil photographique, rarement d'une caméra de cinéma et exceptionnellement d'un enregistreur, n'étaient pas pris très au sérieux dans les milieux académiques où on pratique volontiers le culte des appareillages compliqués et coûteux. Mais ils ont pris rapidement une place enviable sur le plan théorique car on leur doit la plupart des concepts de l'éthologie et de la psychologie animale modernes. Plus personne aujourd'hui ne peut douter ni contester que ce sont les éthologistes qui ont régénéré la psychologie animale, l'ont ramenée à son véritable objet, et lui ont rendu son bon sens. En prouvant la complémentarité entre instincts, taxies et apprentissages, ils ont montré la vanité des querelles dans lesquelles se perdaient les autres écoles. En lançant des ponts, en poussant des anastomoses vers les autres sciences — Biologie et Psychologie — ils ont fait déborder l'Ethologie de son cadre descriptif initial.

Le génie d'un Lorenz a pu s'exprimer parce que, le premier, il a réussi à faire la difficile synthèse entre le naturaliste et le zoologue de métier. Rompu aux rigueurs du raisonnement scientifique par la conquête de ses grades académiques, riche d'une immense culture en philosophie, médecine et sciences naturelles, il est doué aussi d'une pénétrante intuition qu'il s'est forgée — formation irremplaçable — lors de ses années d'enfance et d'adolescence passées au milieu des animaux.

Ce type de savant n'est pas encouragé chez nous : le laborantin en blouse blanche méprise le naturaliste chaussé de bottes; les travaux de terrain sont assimilés à d'aimables et désuètes distractions d'amateur; le chercheur en culottes courtes se promenant jumelles sur le ventre et nez au vent, pour observer les oiseaux, ou celui qui marche à quatre pattes dans les herbes, à l'affût des insectes, font sourire; et quand on nous traite d'émules de Fabre — quel titre de gloire — on y met une note péjorative. Cette attitude nous vaut aujourd'hui 25 ans de retard en Psychologie animale.

Les travaux des éthologistes autrichiens ou allemands, hollandais et anglais sont très souvent ignorés ou inconnus dans nos pays de langue française. Et lorsqu'ils sont connus, ils sont souvent mal compris, car leurs méthodes, leur démarche, leurs centres d'intérêt ne font pas partie des traditions de nos instituts et laboratoires. Etant mal assimilés, il leur arrive d'être critiqués, tout à fait hors de propos.

Si nous voulons participer à l'essor de l'Ethologie, de la Psychologie animale, des Sciences du Comportement, nous devons résorber ce retard. Une étape obligée est l'assimilation des découvertes de l'éthologie lorenzienne. Attirer l'attention sur les travaux de cette école, assurer leur diffusion, en préparer la compréhension et l'assimilation, tels sont les buts que j'assigne à cet ouvrage.

CHAPITRE II

L'ANIMAL
ET LE MONDE EXTERIEUR

Les stimuli effecteurs

Un organisme, quel qu'il soit, vit au milieu d'un environnement physique et biologique qui lui pose continuellement un certain nombre de problèmes. L'animal prend connaissance de ceux-ci par l'intermédiaire de son équipement sensoriel. Il perçoit son environnement; il en reçoit des informations triées par ses organes des sens. Et son comportement est l'expression de cette vie de relation avec le monde extérieur : c'est l'ensemble des conduites innées et acquises par lesquelles il rencontre et résout les difficultés du milieu.

Toute théorie explicative du comportement doit définir et mesurer exactement le rôle des informations extérieures dans la sélection, le déclenchement, l'orientation des conduites de l'animal. Il est donc absolument nécessaire de connaître le champ de perception sensoriel particulier à chaque espèce. Le négliger serait verser dans une nouvelle forme d'anthropomorphisme qui consisterait à étudier l'animal en lui attribuant un champ de perception, portant une connaissance de l'environnement, identique à la nôtre, tout en ignorant la sienne propre. Devant la diversité des équipements, des champs de perception, des capacités de discrimination, on conçoit les dangers des comparaisons et généralisations qui ne tiendraient pas compte de ces différences et de ces particularités. Pour arriver à cerner ce que Jacob von Uexküll (1928) appelait l'*Umwelt* de l'animal, c'est-à-dire son monde propre, le monde tel qu'il le perçoit, l'éthologiste doit donc s'informer des progrès et assimiler les acquisitions de la physiologie comparée des organes des sens et de la biophysique.

Mais connaître l'équipement sensoriel, c'est-à-dire connaître les informations que l'animal est capable de percevoir en fonction des organes des sens dont il est doté, ne suffit pas. En effet, parmi toutes les informations qui lui sont accessibles, l'animal peut effectuer une sélection.

Ainsi on a enregistré chez un chat, au moyen de fines électrodes implantées dans le cerveau, l'activité électrique correspondant à l'audition. Dans un premier temps, on a placé près du chat un métronome en marche. L'enregistrement a indiqué la perception d'un bruit de fond et des battements périodiques du métronome. Puis, on a fait paraître une souris dans le champ de perception du chat qui a concentré sur elle son attention; cela s'est traduit, dans la représentation graphique, par la disparition des pics correspondant aux battements du métronome. Le chat a donc supprimé l'audition du métronome, pourtant accessible à son ouïe. En fonction de ce que faisait le chat, il y a eu, entre les organes des sens et le cerveau, censure d'une partie des informations.

A un moment donné et en fonction de ce que fait l'animal à ce moment, il n'y a donc perception que d'une partie de ce qui est perceptible.

Une controverse qui a opposé Von Hess à Von Frisch, il y a plus de cinquante ans déjà, est très significative à cet égard (in Tiṇbergen, 1953).

Von Hess (1913) avait enfermé des abeilles dans une boîte noire équipée de lampes permettant de présenter simultanément deux sources lumineuses de même intensité mais de longueur d'ondes — c'est-à-dire de couleurs — différentes, ou au contraire, d'intensité différente et de même longueur d'ondes. En dépit de toutes les inversions possibles des choix qui leur étaient présentés, les abeilles se dirigeaient toujours vers la lumière la plus intense, sans tenir compte de la couleur. Von Hess en avait tiré la conclusion correcte que les abeilles perçoivent les intensités lumineuses, et la conclusion incorrecte qu'elles ne perçoivent pas les couleurs. Frappé par l'aptitude des abeilles à choisir spécialement dans les champs les fleurs jaunes et les bleues, Von Frisch (1914), au contraire, présumait qu'elles étaient capables de percevoir les couleurs. Pour le prouver, il présente à des abeilles des papiers jaunes et bleus dispersés parmi des papiers représentant toutes les tonalités possibles de gris entre le noir et le blanc, et dont on peut être sûr que certains d'entre eux correspondent exactement, au point de vue intensité lumineuse, aux papiers jaunes et bleus qui y sont mêlés. Sans jamais se tromper, les abeilles se posent sélectivement sur les papiers jaunes et bleus, et Von Frisch en a conclu qu'elles étaient bien sensibles aux couleurs, et non aux intensités.

Chacun avait donc à la fois raison et tort : tort de s'inscrire en faux contre les conclusions de l'autre et de généraliser les siennes; et raison dans les conditions particulières de sa propre expérience. En fait, la controverse était vaine dans la mesure où chacun s'adressait à des comportements très différents de l'abeille. Dans le premier cas, les abeilles enfermées cherchent à fuir, et c'est dès lors la source lumineuse la plus intense, peu importe la couleur, qui est recherchée.

Dans le second cas, on a affaire à des butineuses en quête de fleurs reconnaissables à leur couleur; il est donc important de percevoir ces couleurs et ce sont elles qui sont, à ce moment, recherchées. A partir d'un même élément stimulant, ici la lumière, ce sont des caractéristiques différentes de cet élément — intensité ou couleur — qui jouent dans les deux cas. C'est donc la condition d'un animal, ce qu'il fait à un moment donné, qui détermine les informations perçues, les stimuli recherchés. Et inversement, il y a spécificité de la réponse au stimulus. Des observations, déjà anciennes, de chaînes de réactions l'illustrent très bien.

Une femelle fécondée de tique, aveugle mais dotée d'une visibilité diffuse à travers la peau, se dirige vers la lumière, grimpe sur un perchoir et atteint un poste d'affût élevé. Elle y reste aussi longtemps qu'il est nécessaire, jusqu'au moment où elle est avertie du passage d'un mammifère par la perception de l'acide butyrique des sécrétions cutanées de ce dernier : la tique se laisse choir et, avec un peu de chance, prend contact avec son hôte. L'impact détermine la locomotion sur le dos du mammifère jusqu'au moment où, rencontrant une zone de peau nue à température plus élevée, elle se met à sucer le sang (cf. Von Uexküll, cité par Thinès, 1966).

Chez un notonecte à l'affût (cf. Baerends, 1950), les deux premières paires de pattes et l'extrémité de l'abdomen posés sur l'eau, enregistrent les vibrations provoquées par l'arrivée d'une proie et déterminent son déplacement vers la source des vibrations. La vue de la proie provoque la détente de la troisième paire de pattes et le saut. Le toucher par les pièces buccales détermine l'attaque des parties tendres de la proie, et enfin, la perception des stimuli chimiques provoque la succion du jus organique.

Ainsi donc, selon ce que fait l'animal, il y a sélection des informations perceptibles. Et parmi celles-ci, il y a un stimulus optimum — sonore, visuel, tactile ou olfactif —

pour une réponse donnée. *Par conséquent, connaissant le comportement d'un animal, connaissant son équipement sensoriel, donc son monde perceptible, c'est-à-dire les informations qu'il est capable de recevoir, il faut identifier les informations qui jouent effectivement un rôle pour un comportement donné, c'est-à-dire qu'il faut identifier les stimuli effecteurs.*

La méthode des leurres

On peut s'étonner de prime abord que le travail expérimental réalisé pour l'étude des stimuli effecteurs soit extraordinairement peu fourni. On ne dispose que de quelques exemples précis, portant sur des comportements isolés, chez des animaux différents. Mais en réalité la controverse entre Von Hess et Von Frisch montre toute la difficulté des expériences au niveau du comportement. Une expérience sur une conduite isolée n'est compréhensible que si cette conduite peut être située par rapport à son contexte logique, par exemple, la perception des couleurs chez les abeilles butineuses à la recherche de fleurs. L'expérience sera d'autant plus valable et compréhensible qu'elle respectera, se rapprochera ou tiendra compte des conditions naturelles, comme le montrent les travaux déjà cités de Baerends sur la réaction différée chez les guêpes fouisseuses. Expérimenter avec succès à ce niveau suppose que l'on trouve réunies chez un même homme les qualités du naturaliste — faites surtout de contemplation, d'intuition, de patience, de contact chaleureux avec ses sujets d'étude — et celles du chercheur de laboratoire — faites surtout de sens critique, de froide analyse, de rigueur et de logique dans l'élaboration des projets d'expérience. Niko

Tinbergen réalise le mieux cette très rare synthèse. C'est lui qui a le plus développé, le mieux exploité et illsutré la méthode éthologique d'étude des stimuli effecteurs. Les expériences qu'il a conçues, réalisées, ou auxquelles il a participé, sont devenues de véritables classiques. En raison de leur originalité et de l'importance des concepts qu'elles ont permis de découvrir, il importe de s'y arrêter et de les analyser.

Une série très complète d'expériences spécialement démonstratives est celle qui a trait à l'étude des déclencheurs de la poursuite sexuelle chez le papillon de jour *Eumenis semele* (Tinbergen et coll., 1942). Chez cette espèce, la réunion des sexes est assurée par des stimuli visuels, et non par des stimuli olfactifs comme c'est le cas chez les papillons nocturnes comme les Paons-de-Nuit. Le mâle, posé sur l'écorce d'une branche ou d'un tronc attend le passage de la femelle. Quand celle-ci survient, il s'envole à sa poursuite. Si la femelle n'est pas prête à l'accouplement, elle continue sa route et le mâle reprend son affût; si, au contraire, elle est mûre, elle s'arrête, se pose, et le mâle passe alors à la phase suivante de sa cour. La question que se pose Tinbergen est de savoir quels sont les stimuli qui déterminent le mâle à se lancer à la poursuite de la femelle. La question est fondée, car le mâle poursuit non seulement les femelles de passage, mais aussi des papillons d'autres espèces, des insectes divers, des oiseaux, des feuilles, et même l'ombre de ceux-ci projetée sur le sol ! La conclusion s'impose d'emblée que les stimuli d'ordre visuel sont très importants. Pour déterminer quels sont les stimuli visuels qui déclenchent effectivement chez le mâle la poursuite de la femelle ou de ses substituts, Tinbergen fabrique toute une série de figurines en papier où il réalise toutes les combinaisons possibles des différentes caractéristiques visuelles : forme, taille, couleur... (figure 1). Dans une première série de leurres, la taille et la forme sont normales, mais la couleur varie du noir au blanc. Dans une deuxième série, la taille et la couleur sont normales, mais les formes varient de la silhouette normale à des formes géométriques diverses; dans une troisième série, forme et couleur sont normales, mais la taille est variable. Ces figurines sont suspendues à un fil, à l'extrémité d'une canne à pêche, et Tinbergen et ses collaborateurs, se dispersant dans la nature, se mettent à la recherche des mâles à l'affût des femelles et leur présentent ces leurres, en les animant ou non de mouvements réguliers ou saccadés. En somme, dans ces présentations successives de leurres, chaque caractéristique visuelle est mise en compétition avec toutes les autres. Tinbergen ne fait rien moins que d'appliquer sur le

Fig. 1 : Différentes figurines utilisées pour l'étude des stimuli visuels déclenchant la poursuite sexuelle chez le papillon *eumenis semele.* Couleur, forme, taille sont successivement mises en compétition (Explication page 29). D'après Tinbergen, Meeuse, Boerema et Varossieau, 1942.

terrain, avec qu'elles perspicacité et originalité, le sacro-saint principe d'expérimentation qui veut que lorsqu'on mesure l'influence de différents facteurs, on doit faire varier tour à tour chacun de ces facteurs, les autres restant constants. Tinbergen s'attaque à des problèmes qui ne peuvent être résolus que sur le terrain, avec l'esprit de rigueur du chercheur de laboratoire, et son ingéniosité permet d'adapter l'un à l'autre. Pas moins de 50 000 essais sur différents mâles ont ainsi permis d'établir que grande taille, teinte plus foncée, allure sautillante, et proximité sont les déclencheurs dans la poursuite sexuelle chez le mâle, la forme, quant à elle, étant indifférente.

Il faut remarquer ici que la couleur normale brune de la femelle n'a pas d'importance en soi; plus la teinte est foncée, noire par exemple, meilleure est la réponse. Mais la teinte de la femelle est un compromis entre la nécessité de déclenchement dans la poursuite sexuelle et les impératifs de camouflage contre les écorces pour échapper par ailleurs aux prédateurs. Remarquons enfin que si le mâle est sensible à la teinte la plus foncée, il est, en d'autres circonstances, par exemple lorsqu'il recherche de la nourriture, sensible aux couleurs bleues et jaunes des fleurs. C'est donc bien la condition du mâle — attente d'une femelle ou recherche de nourriture — qui décide de la nature des stimuli externes perceptibles qui interviennent effectivement...

Cette méthodologie, appliquée avec tant de succès à l'étude de la poursuite sexuelle chez *Eumenis semele,* et dont nous discuterons encore certaines conclusions plus loin, Tinbergen et ses collaborateurs et élèves l'ont appliquée aussi à d'autres comportements. Un exemple également célèbre est celui du « *Pecking Response* » des poussins du Goéland argenté (*Larus argentatus*) (cf. Tinbergen et Perdeck, 1950 — Tinbergen 1953 b).

Les poussins du Goéland argenté fraîchement éclos réclament leur nourriture en donnant de petits coups de bec (« *pecking* ») sur le bec de l'adulte. Ils incitent ainsi celui-ci à dégorger la nourriture qu'il ramène dans son jabot. Le bec des parents est jaune et porte une tache rouge près de l'extrémité de la mandibule inférieure. C'est à l'emplacement précis de cette tache que le poussin distribue ses coups de bec. On en conclut que cette tache joue un rôle dans le déclenchement et l'orientation du becquetage. Pour vérifier cette relation, Tinbergen et Perdeck ont présenté de profil aux poussins, des séries de figurines de carton représentant différentes combinaisons de taille, forme et couleur de la tête et du bec de l'adulte, chaque caractéristique étant successivement mise en compétition avec toutes les autres (figures 2 et 3). Dans une première série, on présente aux poussins une figurine représentant la tête blanche et le bec jaune, normaux, mais sans tache, et des figurines semblables mais porteuses de taches de différentes couleurs. Le nombre de réponses est le moins important pour le bec sans tache, et le plus important pour le bec à tache rouge (cf. figure 3). Pour tester l'influence du contraste entre la tache et le bec, on présente une série de modèles à bec gris et porteurs de taches variant du noir au blanc : le nombre de réponses est fonction de l'importance des contrastes. Dans une troisième série, on présente des leurres sans tache, mais à becs de différentes couleurs : le jaune est sans importance, mais le rouge est très réactogène. Enfin, on présente des modèles à becs normaux, mais où la couleur de la tête varie, et finalement, des figurines représentants différents rapports de taille entre le bec et la tête. En faisant varier successivement les

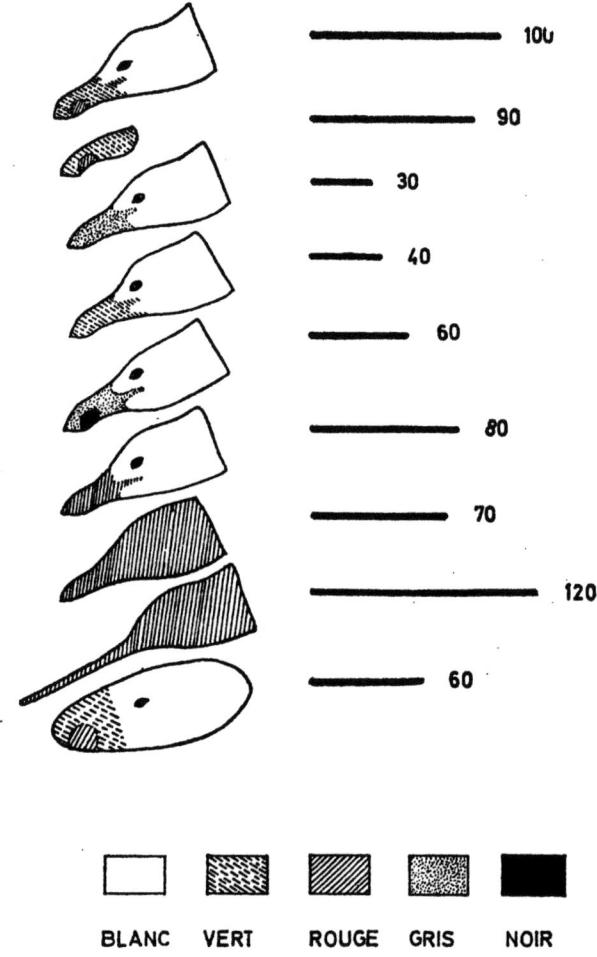

BLANC   VERT   ROUGE   GRIS   NOIR

Fig. 2 : **Figurines de carton utilisées pour tester la demande de nourriture chez les Poussins de Goéland argenté. Les différentes caractéristiques de la tête des parents sont testées isolément puis mises en compétition. Les histogrammes indiquent la fréquence relative des réponses positives. (Voir explication dans le texte page 31.) D'après Tinbergen et Perdeck, 1950; Tinbergen, 1953 b.**

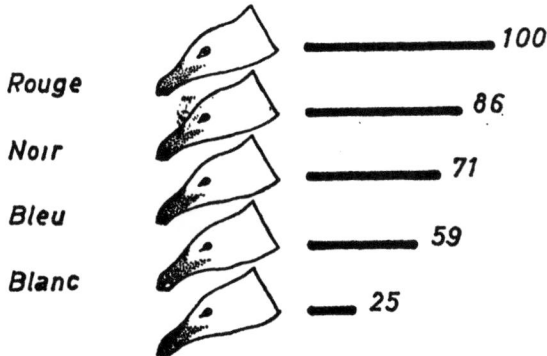

Rouge

Noir

Bleu

Blanc

Fig. 3 : **Nombre de réponses à des modèles porteurs de taches de différentes couleurs. D'après Tinbergen et Perdeck, 1950; Tinbergen, 1953 b, Ed. Collins, Londres.**

différentes caractéristiques de l'objet — taille, forme, contraste, couleur de la tête, du bec, de la tache — on a donc pu établir que le petit réagit bien à la tache rouge qui a de l'importance par elle-même, et par le contraste qu'elle forme avec le bec, tandis que les couleurs de la tête et du bec n'ont en elles-mêmes, pour cette réaction, aucune importance.

Chez les oiseaux nidicoles, comme les petits passereaux chanteurs, les jeunes, pour mendier leur nourriture, (« *begging response* ») poussent des cris stridents, tendent très haut le cou, agitent la tête, ouvrent tout grand le bec qu'encadrent et délimitent les épais replis commissuraux blanchâtres ou jaunâtres, exhibent les couleurs vives — jaune, rouge, orange — du palais, de la langue, de la gorge. Le parent enfourne automatiquement la nourriture au fond du gosier du jeune le plus proche ou le plus quémandeur. Les plus vigoureux sont servis en premier. Heureusement, dans une abondante nichée, il s'établit naturellement un roulement : le jeune rassasié se laisse choir au fond du nid où il digère et somnole pendant que ses frères et sœurs sont nourris; puis quand la faim le tenaille de nouveau, il reprend sa place et mendie de plus en plus vigoureusement jusqu'à ce qu'il soit servi. Chez certains oiseaux cavernicoles comme les mésanges, où des nichées de 8-10 jeunes sont la règle, il est fréquent, lorsque le nid est installé dans une étroite cavité d'arbre ou de mur, que deux ou trois jeunes seulement, marchant sur leurs compagnons, puissent se tenir devant le trou d'envol où paraît le parent. Si jamais un jeune, indisposé, se fait moins pressant, le parent passe son trou, et ce jeune, progressivement, s'affaiblit; bousculé et repoussé par les autres, ses chances diminuent rapidement de pouvoir réclamer sa part et il est bientôt condamné. Le cas de l'hirondelle, « mère exemplaire », partageant équitablement sa pitance entre tous ses jeunes est une pieuse légende. L'automaticité de la réponse de nourrissage au quémandage, et la possibilité de reproduire les caractéristiques déclenchantes sur un leurre, ont été utilisées par les Russes pour étudier la composition de l'alimentation des jeunes au nid (cité par Smith, 1947) : des jeunes étourneaux sont remplacés dans un nichoir par une tête artificielle dont la gorge plonge dans une éprouvette contenant de l'alcool. Lorsque l'adulte se pose sur le perchoir devant l'entrée du nichoir, un dispositif libère un ressort, imprime au substitut de jeune un mouvement de quémandage, et détermine l'ouverture de son bec. L'adulte enfourne la becquée dans ce système déclencheur artificiel et la nourriture est recueillie dans l'éprouvette.

J'ai cité jusqu'à présent trois exemples de déclencheurs d'ordre visuel. Mais il en est d'autres. Chez de très nombreux insectes, ils agissent par voie chimique. Les papillons nocturnes de sexe mâle sont attirés par des substances émises par les femelles, et ils essaient de s'accoupler à des papiers imprégnés de l'odeur de celles-ci. Chez *Eumenis semele* lui-même, la cour du mâle, après que les deux partenaires sexuels se sont rejoints, fait intervenir des stimuli olfactifs : par une révérence, le mâle amène les glandes odorantes du bord antérieur de sa première paire d'ailes au contact des chémorécepteurs des antennes de la femelle; si on supprime les glandes odorantes ou les chémorécepteurs, le stade suivant cette cour, l'accouplement, est rendu impossible. Une poule vient au secours d'un poussin dont elle entend les cris de détresse; si le poussin est placé sous un globe de verre, elle le voit mais ne peut plus l'entendre et est tout à fait indifférente à ses mouvements de panique. Enfin, les femelles d'orthoptères — sauterelles, éphippigères — sont attirées par le chant de mâles éloignés, et sont indifférentes aux mâles silencieux tout proches.

Les stimuli-signaux

On se rend compte à l'énumération qui précède que les éthologistes ont une affection toute spéciale pour les oiseaux et les insectes. Il est encore un animal qu'ils ont beaucoup utilisé, et qui, de ce fait, a accédé à la célébrité en même temps que Tinbergen. Il s'agit de l'épinoche, *Gasterosteus aculeatus*, petit poisson d'eau douce ou d'eau saumâtre, très abondant en Hollande. C'est un matériel très précieux car on peut facilement miniaturiser son milieu et le reconstituer en aquarium; il se prête donc très bien aux manipulations de laboratoire et aux vérifications expérimentales. Le mâle au printemps se choisit un territoire en eau peu profonde, sur le fond garni de plantes aquatiques. Il arbore à ce moment une livrée nuptiale typique : le menton, la gorge, le ventre sont rouges. Il devient agressif et attaque sélectivement les mâles territoriaux voisins qui côtoient ses frontières, ou les intrus en quête de territoire qui envahissent son domaine. Or ces rivaux attaqués sont porteurs, comme lui, d'une livrée nuptiale rouge. On peut donc supposer que cette couleur rouge intervient dans le déclenchement de l'agressivité et du combat territorial. Ter Pelkwijk et Tinbergen l'ont vérifié expérimentalement par la méthode des leurres. Celle-ci, nous l'avons vu, consiste à présenter à l'animal dont on analyse les réactions, des représentations plus ou moins grossières de son partenaire, porteuses ou non des caractères dont on veut tester le pouvoir déclencheur. On prépare donc deux séries de leurres. Ceux de la première série sont des représentations plus ou moins approximatives de l'épinoche : les unes sont très grossières; il leur manque certains caractères spécifiques de l'épinoche, et même, certains caractères propres aux poissons; d'autres encore — cylindres, sphères — présentent un aspect qui s'écarte au maximum de celui de l'épinoche, mais toutes ces imitations cependant, quelle que soit leur forme, ont les parties inférieures peintes en rouge (leurres de la série R). D'autres modèles sont des imitations rigoureuses de l'épinoche, mais ont le ventre clair et sont neutres au point de vue de la couleur (série N) (cf. figure 4). Ces séries de leurres, où la couleur rouge est mise en compétition avec toutes les autres caractéristiques morphologiques, sont présentées à des mâles territoriaux. Ou bien, on introduit le leurre dans un territoire occupé et on prend note des réactions du propriétaire; ou bien, on élimine le propriétaire — ce qui a pour effet de provoquer l'annexion du territoire par un voisin ou un intrus — mais

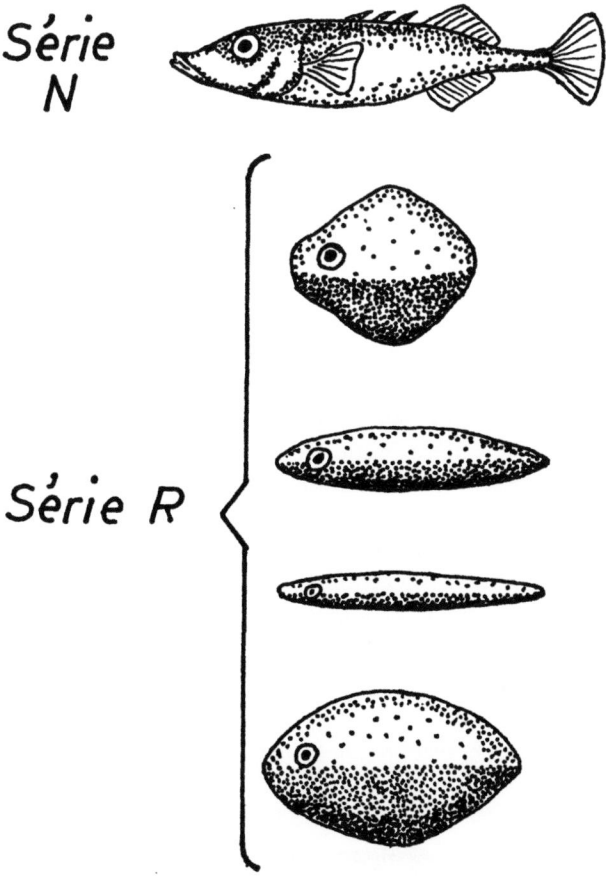

Fig. 4 : **Leurres utilisés pour tester les déclencheurs de la bataille chez l'épinoche. Série N : leurres méticuleux sans coloration; Série R : leurres grossiers à ventre rouge (voir explication page 36). D'après Tinbergen, 1953, Ed. Payot, Paris.**

on le remplace par un leurre, et on estime dans quelle mesure la présence de ce dernier empêche ou retarde l'invasion. On a constaté que la bataille est déclenchée, ou l'invasion empêchée, exclusivement par des leurres à ventre rouge (série R), et surtout par les objets oblongs. Le leurre est également plus efficace s'il est incliné vers le bas; le mâle agressif pointe en effet le museau vers le sol. Ainsi, en testant chez le mâle les caractéristiques de couleur, forme, taille et mouvement, Tinbergen est parvenu à isoler comme déclencheur du combat territorial le signal « objet oblong, incliné, à ventre rouge », indépendamment de tous les autres caractères. Lorsqu'une femelle mûre, le ventre gonflé d'œufs, se présente dans un territoire, elle se tient inclinée vers le haut; sa coloration gris-brun est cryptique. Le mâle l'accueille par une danse nuptiale, en zig-zag, qui la conduit généralement vers le nid. Par la même méthode des leurres, Tinbergen a montré que le déclencheur de la danse nuptiale du mâle est le signal « objet oblong à ventre pansu » (figure 5). La réponse est plus forte si le leurre est incliné vers le haut. Il a montré enfin que le déclencheur de la ponte est le « toucher du pédoncule caudal de la femelle » par le mâle ou par une tigelle de verre que l'on substitue au mâle. Les stimuli déclencheurs sont donc différents d'une réaction à l'autre. Si deux réactions sont

Fig. 5 : Leurre à abdomen gonflé représentant une femelle d'Epinoche prête à pondre, et déclenchant la danse nuptiale du mâle. Voir page 38. D'après Tinbergen, 1953, Ed. Payot, Paris.

provoquées par le même objet, ce sont des caractéristiques différentes de ce même objet qui sont en cause. Ce sont donc les différents caractères d'un objet, et non celui-ci considéré comme un tout, qui importent. C'est le signal, et non l'objet porteur du signal, qui compte.

C'est par cette méthode des leurres que Tinbergen est arrivé au concept du *Stimulus-signal ou déclencheur*, et on conçoit ainsi que *chaque animal représente pour ses partenaires sociaux et familiaux un ensemble de stimuli-signaux* (par exemple, « objet oblong à ventre rouge ») *qui ont pouvoir de libérer chacun une réaction particulière.* L'animal se ramène ainsi à plusieurs patrons ou schémas différents selon les réponses envisagées. De nombreux comportements et de nombreux rapports sociaux d'animaux sont basés sur ce principe de la spécificité de la réponse à un schème-signal. Et par la méthode des leurres, magistralement illustrée par Tinbergen, on peut donc déterminer la valeur fonctionnelle des couleurs, mouvements, structures (crêtes, huppes, etc.), patrons bariolés des parures et livrées d'une foule d'oiseaux, poissons et insectes. C'est ainsi notamment que David Lack a montré, avec la plus grande netteté, que la poitrine rouge du Rouge-Gorge est le stimulus déclencheur de la bataille. En effet, un mâle territorial attaque avec la plus grande violence une simple touffe de plumes rouges de la poitrine d'un rouge-gorge qui lui est présentée sur un fil de fer, mais est indifférent à une imitation parfaite — mais de couleur neutre — de l'oiseau, ainsi qu'à un authentique rouge-gorge dont la poitrine rouge a été masquée par de la teinture brune. Il est rare toutefois qu'une seule caractéristique de l'objet constitue un stimulus puissant. Dans la plupart des cas étudiés, on constate qu'une réponse ne dépend pas d'un seul stimulus, mais plutôt d'une combinaison de stimuli-signaux — qu'on se rappelle la combinaison déclenchante de la poursuite sexuelle chez *Eumenis semele*, du becquetage chez le Goéland argenté, de la bataille territoriale chez l'Epinoche (« objet oblong, à ventre rouge, incliné vers le bas ») — et la réponse est d'autant plus nette que la combinaison est plus complète et mieux représentée.

Nous pouvons, à ce stade, tirer deux conclusions de portée générale : la première est que chaque réaction dépend étroitement d'une combinaison très spéciale de stimuli-signaux; la seconde est que dans une *chaîne* de réactions, chaque réponse dépend aussi de sa propre combinaison, et que par conséquent, la chaîne est stoppée si les stimuli ne se présentent pas dans la bonne succession. Ainsi, l'épinoche femelle suit le mâle vers le nid en réponse à la danse en zig-zag, mais elle ne passera à la ponte que si le mâle, ou son substitut, lui touche le pédoncule caudal (figure 6). La femelle de *Eumenis semele* s'arrête en réponse à la poursuite que lui a faite le mâle, mais l'accouplement ne pourra avoir lieu si on empêche le contact des glandes odorantes du mâle et des chémorécepteurs de la femelle. Un rouge-gorge territorial est averti d'une intrusion à l'audition du chant d'un rival; il se porte à sa rencontre, et dès qu'il voit l'intrus, l'attaque; l'émission d'un chant de rouge-gorge — simulant une intrusion dans un territoire occupé — provoque l'approche du propriétaire, mais celui-ci n'attaque pas le diffuseur; l'attaque ne sera déclenchée que sur présentation du leurre à poitrine rouge.

Le mécanisme inné de déclenchement

La stricte concordance entre une combinaison très spéciale de stimuli-signaux et une réponse appropriée a amené

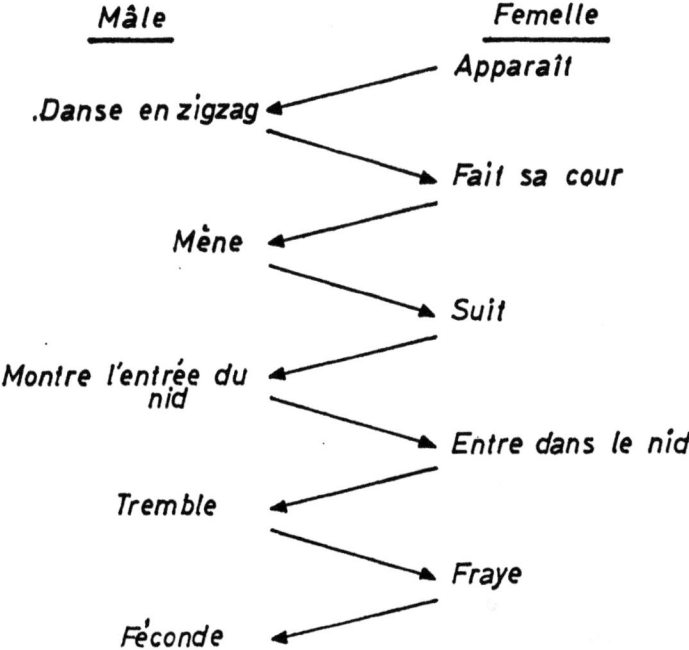

Fig. 6 : **Chaîne de réactions conduisant à la fécondation des œufs chez l'Epinoche. Chaque réponse de l'un des partenaires déclenche la réponse appropriée de l'autre. D'après Tinbergen, 1953, Ed. Payot, Paris.**

les éthologistes à la conclusion qu'il devait exister un mécanisme neuro-sensoriel capable de filtrer les informations multiples fournies aux organes des sens, de sélectionner et d'« identifier » la combinaison stimulante présente dans l'environnement, et de libérer la réponse correcte correspondant à cette situation stimulante sélective. Ce mécanisme a été appelé par Lorenz le « *mécanisme inné de déclenchement* » (« *das angeborene auslösende Schema; angeborener Auslösermechanismus* » AAM, Lorenz 1937; « *Innate releasing mechanism* » IRM, Tinbergen 1953). C'est donc un mécanisme qui assure la spécificité de la réponse à la stimulation, et de la stimulation à la réponse. Pour expliquer son principe d'action, Lorenz a eu recours à une comparaison imagée : la combinaison de stimuli-signaux est une combinaison-clé, donnant accès à une porte, et à une seule; celle-ci (mécanisme inné de déclenchement), ouverte, libère la réaction adéquate qui se trouvait derrière. Et selon cette conception, chacune des réponses faisant partie de l'arsenal des comportements d'un animal dépend d'une combinaison-clé particulière qui agit sélectivement au niveau d'un mécanisme inné de déclenchement particulier. Si nous continuons les comparaisons, nous pouvons imaginer que l'ensemble des réponses aux différents stimuli-signaux est un jeu de cartes perforées. L'IRM particulier à chaque réponse est une combinaison déterminée de perforations. Et la combinaison-clé de stimuli est le jeu de tigelles qui correspond à ce jeu de perforations, et par conséquent, à la réponse portée en fiche.

Ce mécanisme est bien inné, car des sujets naïfs (épinoches, poussins de goélands) élevés dans l'isolement le plus complet, et qui, par conséquent, n'ont jamais eu l'occasion de voir auparavant une combinaison-clé de stimuli-signaux, ni d'apprendre à y ajuster leur réponse, réagissent de la manière adéquate la première fois qu'elle leur est présentée. Il reste que par la suite, l'animal peut très bien préciser ou perfectionner sa connaissance de la combinaison stimulante par apprentissage — habituation ou conditionnement.

Enfin, à partir du concept d'IRM, on a défini comme étant des *déclencheurs*, les structures, sons, couleurs, odeurs ou mouvements adaptés à la fonction de faire agir les IRM.

On a parfois reproché aux éthologistes d'avoir défini le concept d'IRM, et d'utiliser le terme « mécanisme », sans préciser davantage en quoi consiste ce mécanisme au niveau des structures, sur le plan organique, au point de vue physiologique. Ce reproche ne peut être accepté, et Tinbergen y a très nettement répondu (1963). En fait, par leur méthode de travail propre, consistant à observer et expérimenter sur l'animal vivant en situation logique, les éthologistes ont mis en évidence l'existence d'un système filtreur qui assure la spécificité d'une combinaison de stimuli émanant du milieu et d'une réponse motrice héritée. Quand ils parlent d'IRM, les éthologistes font allusion à une *fonction* : la fonction de filtrer les stimuli et de débloquer la réponse appropriée, sans préjuger en rien de la structure et du mode de fonctionnement du mécanisme, sans jamais prétendre que ce mécanisme doive être le même chez tous les animaux et pour toutes les réactions. D'ailleurs, quand on parle d'une patte, on pense à la fonction de « marcher », étant entendu qu'une patte, chez des animaux différents — arthropode ou chien — peut avoir des structures et origines différentes. Et quand on parle d'un œil, on pense d'abord à la fonction de « voir », sans préjuger de la structure de l'œil, si différente, par exemple, chez un insecte et chez un mammifère. En démontrant l'existence d'un mécanisme filtreur, en définissant le concept d'IRM, en posant ainsi le problème de sa structure et de sa localisation, les éthologistes ont rempli leur rôle; à d'autres de pousser l'analyse au niveau de ses structures, de le localiser, d'en préciser et démontrer les rouages.

Pour autant qu'on ne le comprenne pas d'une manière trop étroite et trop stricte (cf. les discussions in Schleidt 1962 et Hinde 1966), le concept d'IRM est donc un excellent outil et rend de très grands services pour la compréhension de l'enchaînement et de la coordination des actions des animaux.

Confusion et adaptation

Etant donné la très grande spécificité de la réponse et de la combinaison de stimuli, étant donné la très grande concordance que l'IRM assure entre l'une et l'autre, étant donné aussi que c'est la combinaison de stimuli-signaux qui est déclenchante, et non pas l'objet ou l'individu qui en est porteur, on conçoit aisément qu'il puisse y avoir dans la nature, surtout dans les relations inter-spécifiques, et des erreurs et des adaptations. Erreur de la part d'un individu qui fournit sa réponse en présence d'une combinaison de stimuli, fortuite ou non, ressemblant ou imitant le schéma déclencheur dont est porteur le partenaire social normal. Adaptation de la part de l'animal porteur du schéma trompeur et qui en tire profit. Ainsi en période de reproduction, on a vu un oiseau occupé à rassembler la nourriture pour ses jeunes au nid, s'approcher d'une pièce d'eau, et enfourner la becquée dans la bouche grande ouverte d'un poisson qui vient aspirer de l'air en surface : erreur accidentelle. Les parents nourriciers de Rouges-Gorges, Accenteurs, ou Pipits se trompent aveuglément, lorsqu'ils apportent la becquée au jeune Coucou parasite qui a pris la place de leurs propres jeunes et monopolise leurs soins. L'imitation, l'adaptation, et la « tromperie » sont plus nettes encore chez les Veuves parasites (*Viduinés*) d'Afrique. Ces oiseaux pondent leurs œufs dans le nid d'espèces plus petites (les *Estrildinés*), mais, contrairement au Coucou d'Europe, leurs jeunes n'éliminent pas les œufs de l'hôte, et, par conséquent, les jeunes légitimes et le parasite grandissent côte à côte. Chaque espèce d'Estrildinés possède sur le bec, la langue, et dans la gorge, un schéma particulier de taches et papilles colorées qui déclenchent et orientent la réaction de nourrissage. Le parent refuse de nourrir des jeunes d'espèces proches dont le schéma ne correspond pas exactement à celui dont il a une connaissance innée. Or chaque espèce de Veuve parasite une espèce déterminée d'Estrildiné, et ses jeunes exhibent pour quémander la nourriture exactement les mêmes taches, couleurs, cris et mouvements que les jeunes de l'espèce parasitée. L'erreur des parents nourriciers est flagrante, et l'adaptation de la Veuve remarquable ! (cf. Nicolai, cité par Wickler, 1968).

D'une manière très générale dans la nature, les structures dont une tête est porteuse — les yeux notamment — sont des stimuli forts, qui engendrent la peur chez les partenaires. Un animal qui menace se présente de face, mais un sujet animé du désir de se rapprocher d'un autre, évite une présentation frontale. Très souvent, l'aspect effrayant des yeux est atténué par des structures spéciales — sourcils chez certains oiseaux, ou barre colorée temporaire, labile par le jeu des chromatophores, et qui traverse l'œil en oblique chez de très nombreux poissons. Inversement, de nombreux animaux ont développé des structures de menace qui reproduisent et imitent l'aspect d'un œil. Ce sont, par exemple, les taches operculaires que certains poissons cichlides exhibent au cours de combats en distendant et en écartant latéralement les deux opercules au maximum; ou encore l'ocelle coloré situé à la base de la nageoire dorsale, normalement repliée en éventail, et que certains poissons exhibent à l'occasion d'échange de menaces en dressant la nageoire. Le développement de structures imitant des yeux est également utilisé avec succès par de nombreux papillons nocturnes pour repousser des prédateurs. Pendant la journée, ces papillons au repos se tiennent sur des écorces. Les ailes antérieures repliées en arrière sur le dos, sont couvertes de dessins gris-bruns. Leur homochromie et la totale immobilité de l'insecte lui confèrent un parfait mimétisme. S'il est malgré tout découvert par un oiseau qui le touche du bec, le papillon abandonne son mimétisme : il déploie brusquement les ailes antérieures et découvre la seconde paire d'ailes, souvent vivement colorées et au milieu desquelles apparaissent de gros ocelles. Blest (1957) a pu prouver l'efficacité de cette exhibition soudaine des ocelles; des oiseaux insectivores élevés en cage, et donc inexpérimentés, reculent lorsque le papillon déploie ses ailes, mais ils mangent malgré tout les sujets dont les ocelles ont été masqués.

Enfin Wickler (1963, 1968) a étudié une forme de mimétisme agressif. Le *Labroïdes dimidiatus*, petit poisson Labridé du Pacifique, se nourrit de parasites dont il débarrasse la peau des autres espèces de poissons. Lorsqu'il est en quête de nourriture, le Labroïdes, déjà si reconnaissable à son patron de couleurs — bandes longitudinales noires, blanches et bleues courant le long du corps filiforme — se signale par une nage saccadée et dansante. C'est à cet ensemble de caractéristiques que les poissons identifient le déparasiteur; interrompant leur nage, se couchant sur le flanc, écartant les opercules, ils l'invitent à leur nettoyer la peau, et le Labroïdes se glisse le long de leur flanc, s'insinue dans la fente des ouïes, s'introduit dans la bouche, arrachant partout les parasites cutanés. Il est fréquent d'ailleurs que les poissons-clients recherchent activement le déparasiteur et qu'ils attendent leur tour si celui-ci est occupé. Or un autre poisson l'*Aspidontus taeniatus*, car-

nassier et vorace, et appartenant à une tout autre famille
— les *Blenniidés* — possède une nage et des caractéristiques de forme et couleurs singulièrement identiques à
celles du Labroïdes (figure 7). Les clients éventuels du
déparasiteur s'y trompent; ils prennent en face du mime
la position d'invitation au nettoyage, et l'*Aspidontus*, qui
a pu s'approcher à bonne distance, leur arrache un morceau
de peau ou de nageoire qu'il dévore.

Nature configurationnelle des stimuli

Le fait d'utiliser le terme « stimulus » à propos des phénomènes qui nous occupent actuellement peut masquer la
difficulté réelle de leur étude. En effet, un stimulus, en
physiologie ou en réflexologie de laboratoire, désigne une

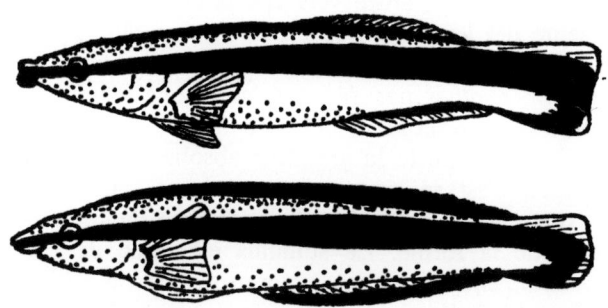

Fig. 7 : Comparaison des caractéristiques morphologiques et patrons de coloration d'un Poisson nettoyeur (*Labroides dimidiatus,*
au-dessus) et de son mime carnassier (*Aspidontus toeniatus,* en
dessous) (voir page 47). D'après Wickler, 1968, Ed. Hachette,
Paris, et World University Library, Londres.

unité d'énergie aisément définissable et mesurable. Rien de tel dans le cas des combinaisons de stimuli-signaux qui déclenchent les comportements étudiés jusqu'ici. Leur mode d'action est très complexe, comme le montrent les expériences de Tinbergen et Kuenen (1939) sur la réponse d'ouverture du bec chez les jeunes oiseaux nidicoles pendant la période d'élevage au nid. Jusqu'à l'âge de huit jours environ (soit la moitié du séjour au nid), les jeunes grives et merles tendent le cou verticalement; aveugles, ils répondent à un stimulus tactile : le choc que le parent imprime au nid en s'y posant. A partir du huitième jour, les jeunes capables de voir sont tirés de leur somnolence par le choc, mais orientent désormais le cou vers la tête du parent nourricier. Des expériences avec des leurres ont établi que la caractéristique qui dirige l'orientation du cou est la grandeur relative et la position de la tête par rapport au corps — indépendamment de la forme. Toute irrégularité du contour extérieur d'un disque en carton représentant le corps attire vers elle le cou des jeunes. Si on présente des leurres à deux têtes — une plus petite et une plus grosse — les jeunes s'orientent vers la « tête » dont la *grandeur relative* par rapport au disque représentant le « corps », correspond à celle de la tête chez l'adulte (figure 8). Peu importe la grandeur absolue de la tête; ce qui compte, c'est sa grandeur par rapport au reste du corps. Ainsi, une relation dans l'espace tient lieu de reconnaissance de la forme. Le stimulus est donc de nature *configurationnelle*. De même, pour provoquer le « pecking response » du Goéland argenté, il faut non seulement que les éléments déclencheurs soient réunis (tache, couleur, contraste…), mais il faut aussi qu'une certaine disposition spatiale soit respectée : on obtient moins de réponses si la tache — élément structurel le plus important — est située

Fig. 8 : Leurres à deux têtes utilisés pour déclencher l'ouverture du bec chez des jeunes oiseaux nidicoles (explication dans le texte, pages 48 et 49). D'après Tinbergen et Kuenen, 1939.

sur la tête et non sur le bec. Enfin, l'étude des éléments réactogènes dans le chant des oiseaux montre que les silences, intervalles, et le rythme ont autant d'importance que les sons eux-mêmes. Lorenz et Tinbergen (1938) ont réalisé une expérience régulièrement citée comme un véritable classique. Elle a trait à la réaction de fuite des oiseaux à l'approche d'un rapace. Les oies, carnards et gallinacés réagissent par l'alarme ou la fuite lorsque la silhouette d'un rapace se profile dans le ciel. Lorenz et Tinbergen ont enfermé des oies et canards dans un enclos d'où ils ne pouvaient voir que le ciel. Puis, ils ont fait défiler des figurines de carton le long d'un fil de fer tendu au-dessus de l'enclos. Ces figurines, animées de différents mouvements de vitesses, représentaient différentes formes géométriques, différentes silhouettes d'oiseaux rapaces ou non, et enfin, différentes combinaisons des rapports de taille entre les ailes, le cou, et la queue d'un oiseau en vol. Ils démontrent ainsi que la réponse de fuite est provoquée par la silhouette réunissant les caractères « ailes étendues, cou court, et longue queue ». Cette silhouette correspond précisément à celle d'un rapace. De son côté, la figurine « long cou et queue courte », qui correspond à la silhouette d'un canard ou d'une oie, ne provoque ni alarme, ni fuite *. Or, une même figurine peut, selon qu'elle est déplacée dans un sens ou dans l'autre, représenter un rapace et provoquer la fuite, ou représenter un canard et laisser les sujets totalement indifférents (figure 9). La conclusion est que la forme de la figurine n'a pas d'importance en tant que telle, mais bien en relation

* Cette expérience a été critiquée à propos de conclusions qui n'ont de toute façon aucune incidence sur la réalité du mode d'action configurationnel de la combinaison. Lorenz et Tinbergen en effet concluaient que cette combinaison-signal (forme, vitesse, sens du déplacement) agissait sur un mécanisme inné de déclenchement. Or on ne peut conclure à une connaissance innée de la combinaison et à l'automatisme de la réponse que si l'expérience a porté sur des sujets élevés en isolement, ce qui n'était pas le cas. On a donc réalisé des essais sur des sujets naïfs de volailles domestiques; les résultats ne montraient aucune différence vis-à-vis des deux types de leurres, mais ces expériences sont sans signification, car elles recourent à du matériel suspect d'avoir perdu depuis des générations sa réponse naturelle de fuite aux rapaces. On a souligné aussi que des sujets naïfs sont d'abord alarmés par tout ce qui est neuf, s'habituent progressivement à ce qui est fréquent, et ne conservent leur réponse de fuite que vis-à-vis des stimuli rares, et donc insolites. Les sujets sauvages conserveraient leur réponse d'alarme aux rapaces parce que ceux-ci sont rares. Toutefois, des expériences récentes sur des jeunes canards colverts montrent d'une manière significative que des sujets naïfs réagissent sélectivement par l'alarme et la fuite au leurre « cou court, queue longue » correspondant aux rapaces, et confirment ainsi la conclusion originale de Lorenz et Tinbergen que les jeunes ont une connaissance innée de cette configuration, et possèdent un IRM leur permettant de réagir de manière adéquate dès la première présentation.

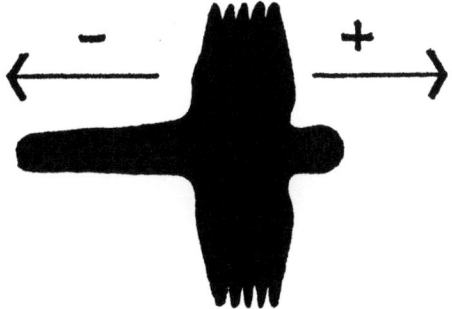

Fig. 9 : Silhouette utilisée pour étudier la réponse d'alarme chez les Oies et Canards. Déplacé vers la gauche, le leurre évoque une oie en vol. Vers la droite, il évoque un Rapace et provoque la fuite (voir page 50). D'après Tinbergen, 1953.

avec le sens du déplacement. C'est la direction du mouvement qui détermine si le leurre est rapace ou canard, s'il est dangereux ou inoffensif. L'ensemble des exemples cités montre donc qu'une situation déclenchante dépend non seulement d'éléments structuraux, mais aussi de leur disposition dans le temps, l'espace, le mouvement.

Sommation hétérogène et stimuli supranormaux

Il faut souligner aussi la façon dont des signaux très différents — couleur, taille, forme, mouvement — se combinent et se conjuguent pour débloquer les IRM. On voudra bien se rappeler que la poursuite sexuelle chez *Eumenis semele* est provoquée par les caractéristiques suivantes : teinte foncée, grande taille, allure sautillante, proximité. Tinbergen a établi que l'importance des réponses —

rapidité et durée de la poursuite — dépend de la « féminité » du leurre, c'est-à-dire, de la combinaison plus ou moins convenable des différentes caractéristiques; le mâle distingue finalement la femelle des autres objets — feuilles, oiseaux, insectes — en fonction de l'importance de cette féminité. La réponse dépend d'une quantité correcte de stimulation, obtenue par la combinaison des différents stimuli. Et un déficit d'un type de stimulation (leurre trop clair, par exemple) peut être compensé par un excédent d'un autre stimulus (leurre plus grand ou présenté de plus près). Ainsi donc, les différents stimuli contribuent d'une manière quantitative à un pool de stimulation qui provoque la réponse du mâle. Etudiant l'agressivité d'un petit poisson Cichlide, Seitz (1940) avait établi que le combat peut être déclenché par cinq signaux différents relatifs aux couleurs, à la taille, au mouvement, à l'orientation. Chacun de ces signaux, présenté isolément sur un leurre, a une efficacité pratiquement égale à chacun des autres. Mais la présentation simultanée de deux signaux sur un même leurre double l'intensité de la réponse. Chez les Poissons comme chez les Papillons, les différents stimuli qui composent une situation stimulante agissent donc d'une manière additive. Bien que différents qualitativement les uns des autres, leur effet sur la réponse est identique. Ces stimuli qualitativement différents peuvent se remplacer quantitativement. Il faut en conclure que les influx correspondants sont additionnés et stockés au niveau du système nerveux, et qu'ils agissent alors d'une manière quantitative pour débloquer l'IRM, libérer une réaction constituant un tout. Cette conclusion a été appelée la « loi d'addition » ou de « sommation hétérogène » des stimuli (« Reizsummenregel »). Baerends (1962) a vérifié cette loi en cherchant à déterminer les caractéristiques de l'œuf du Goéland argenté qui déterminent l'adulte à le reconnaître en tant qu'œuf et à lui accorder ses soins. A cet effet, des œufs en bois de différentes couleurs, tailles et formes (figure 10) sont placés deux à deux sur le bord du nid; la femelle récupère et ramène d'abord dans le nid le modèle dont les caractéristiques déclenchantes sont les plus fortes. On peut montrer ainsi l'importance des taches, du contraste entre taches et teinte de fond, de la forme arrondie, de la taille. Les Goélands préfèrent les œufs tachetés aux œufs unis; ils choisissent toujours le plus gros de deux œufs de taille différente. Si on offre successivement le choix entre un œuf normalement tacheté et un œuf sans tache, mais de taille croissante, la préférence va d'abord à l'œuf tacheté, jusqu'au moment où elle est inversée par une taille critique. On peut maintenir une réponse standard en présentant successivement des œufs où un déficit d'une caractéristique

Fig. 10 : **Modèles utilisés pour déterminer les caractéristiques par lesquelles un Goéland argenté reconnaît ses œufs (voir texte page 53). D'après Wickler, 1968, Ed. Hachette, Paris, et World University Library, Londres.**

est compensé par un excédent d'une autre caractéristique, par exemple, un œuf plus gros mais moins contrasté. Puique les différents stimuli peuvent se remplacer mutuellement et que leurs effets s'ajoutent d'une manière quantitative, on conçoit qu'il est possible de fabriquer des leurres dont le pouvoir déclencheur est supérieur à celui des œufs normaux. Ces stimuli dont le pouvoir déclencheur a été exagéré sont appelés stimuli *supranormaux*. C'est, par exemple, un œuf double présentant des taches noires sur fond blanc. Le Goéland préfère effectivement un tel œuf à son œuf normal. Mais dans la nature, l'œuf supranormal, rien qu'en ce qui concerne le contraste taches-fond, n'aurait guère de chance d'éclosion, car il ne manquerait pas d'attirer le regard des prédateurs. L'œuf normal du Goéland est donc, quant à la teinte, au contraste, et à l'importance des taches, un compromis entre les nécessités de l'homochromie d'une part, et les impératifs déclencheurs d'autre part.

Le succès rapide des nichoirs artificiels, même dans des bois et vergers abondamment pourvus en cavités naturelles, s'explique aussi par le fait que chaque nichoir, placé au-devant d'un tronc, avec son volume et ses contours bien délimités, son trou d'envol bien rond tranchant nettement sur le devant, constitue un stimulus supranormal attirant, mieux que les cavités naturelles, l'oiseau cavernicole en quête d'un emplacement pour son nid.

Stimuli déclencheurs et stimuli directeurs

Dans une combinaison stimulante, une même caractéristique peut être à la fois déclenchante et orienteuse. Qu'on se souvienne de la tache rouge du bec du Goéland argenté :

cette tache est l'élément déclencheur le plus important et elle dirige vers elle la réponse. Dans de nombreux cas, les éléments déclencheurs et orienteurs sont séparés. Ainsi, on peut inciter des Papillons à se poser sur des papiers colorés en vaporisant dans l'air des parfums appropriés : le parfum est l'élément déclencheur, le papier coloré l'élément orienteur. Lorsqu'on augmente la teneur en anhydride carbonique d'un récipient contenant des Daphnies, celles-ci se déplacent vers la zone plus riche en oxygène de la surface; mais si on éclaire le récipient par le bas, les Daphnies se dirigent vers le fond : l'augmentation d'anhydride carbonique est donc l'élément déclencheur, et la lumière, l'élément orienteur. La séparation des stimuli déclencheur et orienteur a bien été établie aussi lors de la formation du couple chez un petit poisson Cichlide étudié dans nos aquariums : le *Pelmatochromis subocellatus* (cf. N. Monfort-Braham et Ruwet 1967). Chez cette espèce, la femelle exécute l'essentiel de la parade et est porteuse d'une livrée nuptiale très bariolée : la teinte générale — tête, flanc, queue, nageoires — est jaunâtre; deux larges bandes noires barrent le corps de haut en bas, au niveau du cou (collier) et du pédoncule caudal; une large tache rouge-violacée marque le bas flanc. Lorsqu'une femelle se présente devant un mâle, celui-ci répond à sa cour en venant toucher légèrement du museau la tache rouge du flanc, et ce contact est indispensable pour l'enchaînement des mouvements ultérieurs. En présentant systématiquement au mâle des leurres porteurs de toutes les combinaisons possibles des caractéristiques colorées de la femelle (figure 11), on a pu montrer que seuls les leurres porteurs des deux bandes verticales sombres provoquent la réponse du mâle, mais en l'absence de la tache rouge du flanc, cette réponse n'est pas orientée, et le mâle touche indifféremment

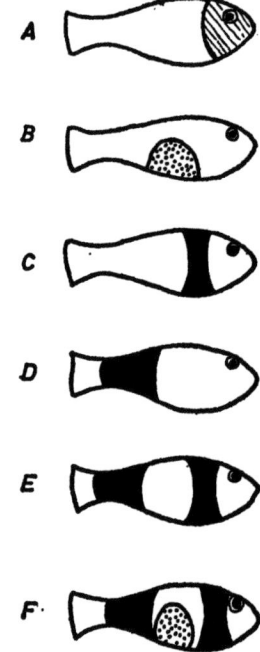

Fig. 11 : Leurres utilisés pour isoler les caractéristiques déclenchant et orientant la réponse sexuelle chez le *Pelmatochromis subocellatus* (voir texte page 55). D'après Montfort et Ruwet, 1967.

la tête, le flanc ou la queue de la femelle. Le schéma « collier et queue sombres » est donc déclencheur, et la tache rouge orienteuse.

Dualité de la réponse

Puisque la stimulation est à la fois déclenchante et directrice, il n'est pas étonnant que la réponse ait, elle aussi, une double nature. Celle-ci a été établie par l'expérience de Lorenz et Tinbergen (1938) sur le retrait de l'œuf dans le nid de l'Oie cendrée (*Anser anser*) : si, à l'époque de la couvaison, on place un œuf en dehors du nid, la couveuse étend le cou, cale l'œuf sous le menton, puis le ramène vers le nid en le roulant sur le sol, corrigeant continuellement les embardées de l'œuf dues aux irrégularités du terrain. Or, si l'œuf est enlevé *après* que le mouvement de rétraction a été amorcé, celui-ci, pourtant désormais sans objet, se poursuit. Le mouvement de récupération de l'œuf, considéré comme un seul comportement, se dissocie donc en deux composantes : un mouvement dans le plan médian qui, une fois déclenché, doit obligatoirement s'achever même si l'objet déclencheur est enlevé; des mouvements latéraux de correction et d'orientation, guidés continuellement par le déplacement, le roulement même de l'œuf, et qui cessent dès que celui-ci est enlevé. Ces deux composantes sont ici associées et simultanées. Elles peuvent être successives. Chez la Bouvière (*Rhodeus amarus*), petit poisson Cyprin d'eau douce qui dépose ses œufs dans le siphon exhalant de l'Anodonte, une femelle prête à pondre doit d'abord prendre une orientation bien précise par rapport à l'Anodonte; et c'est seulement après avoir adopté la position correcte qu'en quelques secondes, selon un schéma stéréotypé, elle déploie rapidement son ovipositeur et dépose ses œufs, par le siphon, dans la cavité palléale de l'Anodonte.

Ces deux comportements — retrait de l'œuf chez l'Oie et ponte chez la Bouvière — se composent donc en réalité de deux éléments, successifs ou associés : une *composante fixe*, véritable série prédéterminée de contractions musculaires, qui une fois initiée, doit être achevée, et qu'on appelle « Manifestation de caractère fixe » (F.A.P., « *Fixed Action*

Pattern », cf. Tinbergen 1953, Patron moteur fixe); elle conduit la réponse à son *terme*; et une *composante d'orientation*, suite de réactions de type réflexe vis-à-vis de stimuli externes, qui corrige ou établit la direction du mouvement; cette composante taxique conduit la réponse à son *but*.

Cette dualité de la réponse instinctive, c'est-à-dire la complémentarité entre un élément fixe hérité qui doit être déclenché, et une correction ou préparation taxique émanant du milieu, est une des acquisitions importantes de l'Ethologie.

CHAPITRE III

LES MECANISMES
DU COMPORTEMENT INNE

Spontanéité du comportement

J'ai consacré le chapitre précédent aux stimuli externes qui déclenchent et dirigent le comportement. J'ai insisté sur la nature et leur mode d'action, et sur les concepts nouveaux que les éthologistes ont pu définir en ayant recours, notamment, à la méthode des leurres.

Il faut rappeler qu'avant que les éthologistes ne définissent ces concepts, une école de Psychologie animale, celle des Mécanistes, avait basé sa théorie explicative du comportement exclusivement sur le principe « stimulus externe-réponse ».

L'école des Ethologistes-Naturalistes est née, notamment, d'une réaction contre cette tendance qui considérait les animaux comme des automates réagissant exclusivement aux sollicitations et stimulations du milieu. Pour cette nouvelle école en effet, l'action des stimuli-signaux n'est qu'une partie du mécanisme permettant l'extériorisation d'un comportement. Pour que celui-ci se manifeste, la situation stimulante seule n'est pas suffisante. Il faut encore que l'animal soit sous l'influence de certains facteurs internes, dont l'action est à l'origine de ses *besoins*, de sa *motivation,* de l'*activation* de ses instincts. La conjonction « motivation-combinaison signal » ou la coopération « stimuli internes-stimuli externes » est nécessaire. Le comportement est contrôlé à la fois de l'intérieur et de l'extérieur.

Il est facile de s'en convaincre :

Chez l'Epinoche, par exemple, un leurre à ventre rouge n'induit la bataille que pendant la période de territorialité correspondant à la reproduction. Si on observe, à différents moments, le comportement d'un animal placé dans des conditions d'environnement constantes, c'est-à-dire, dans des conditions constantes de stimulation, on s'aperçoit qu'il peut fournir tout un éventail de réponses, de la réaction imperceptible à la réponse d'intensité maximum. Une stimulation susceptible de déclencher une réaction importante à un moment donné, peut très bien, par après, ne plus exercer que des effets restreints, voire nuls. Inversement, une réponse standard qui exige, à certains moments, une forte stimulation peut, en d'autres temps, se manifester sous l'influence de stimuli très atténués — voire même, dans les cas extrêmes, en l'absence de toute stimulation externe.

Les faits d'observation et d'expérimentation montrent que quelque chose change avec le temps, qui modifie l'importance de l'influence des facteurs externes. Ils prouvent l'existence d'une *variable interne,* coresponsable du comportement.

Cette intervention nécessaire de forces internes distingue fondamentalement l'acte instinctif du réflexe pur. L'un et l'autre reposent sur une base organique et génétique. L'un et l'autre répondent à une stimulation externe perçue par l'intermédiaire des organes des sens. Mais l'acte instinctif, seul, exige en plus une motivation. *Il y a donc, dans le comportement, une part de spontanéité.*

Les pionniers comme Whitman et Heinroth l'avaient déjà constaté. Ils avaient vu que chez les oiseaux, certains comportements se manifestent même en l'absence de stimuli externes, et donc, à l'intervention des seules forces internes. Ils les avaient appelés des « *mouvements endogènes* », puisqu'ils semblaient répondre à des *forces endogènes*.

La spontanéité du comportement liée à des forces endogènes est bien illustrée par l'exemple suivant : les mouches se nettoient fréquemment le dessus des ailes par des mouvements déterminés et coordonnés des pattes, et éliminent ainsi les fines poussières qui s'y sont déposées. Or, il existe des mutants sans ailes, qui exécutent pourtant tous les mouvements de nettoyage d'ailes, en l'absence de toute stimulation possible par des poussières !

Notre schéma explicatif à ce stade est que, à des degrés divers, stimuli internes et stimuli externes coopèrent pour extérioriser le comportement. Si l'un est important, l'autre peut être faible, et vice versa. L'intensité de la motivation détermine l'importance de la stimulation requise, et l'importance de la stimulation disponible détermine le niveau de la motivation nécessaire.

Ainsi, quand une motivation est faible, il faut, par compensation, une combinaison stimulante forte pour donner une réponse standard. Deux cas sont possibles : ou bien, la réponse obéit à la loi du tout-ou-rien, et n'est pas modifiable dans son intensité, mais dans le nombre de réponses positives à la répétition de la stimulation ou au maintien de la situation stimulante; ou bien, la réponse n'obéit pas à la loi du tout-ou-rien, elle peut être modifiée dans son intensité, et peut donc se manifester selon un gradient qui va de la simple ébauche à la réponse d'intensité maximum. C'est pour cette raison qu'en début de période de reproduction, on enregistre surtout des « *mouvements d'intention* », c'est-à-dire des ébauches plus ou moins poussées de réponses, qui renseignent sur ce que l'animal *tend* à faire, sur ce qu'il « a l'intention » de faire.

Par contre, quand la motivation est forte, un stimulus faible, ou un seul élément de la situation stimulante, suffisent à débloquer la réponse standard. Ainsi, un leurre au ventre à peine teinté de rose déclenche la bataille chez l'Epinoche territoriale; un singe en chaleur accepte de s'accoupler à des imitations de plus en plus imparfaites de femelles; une longue privation de nourriture abaisse le *seuil de réponse* à la nourriture.

L'importance des forces internes détermine donc le niveau du seuil de la réponse. Si elles augmentent, celui-ci diminue. L'abaissement du seuil de réponse, par suite d'une très forte motivation, peut être tel que l'animal « explose » et manifeste, en l'absence de stimulus externe, une réponse ayant un caractère émotif d'urgence. Ainsi Kluyver (1947), a vu des Jaseurs de Bohême, au cours d'hivers rigoureux, chasser des insectes inexistants. Beaucoup d'oiseaux couvent avant d'avoir pondu (Verewey, 1930). Tinbergen (1953) a vu des Epinoches effectuer une danse en zig-zag dans un bocal vide. Des Etourneaux captifs, nourris en abondance, exécutent néanmoins toutes les activités de prédation, comme s'ils attrapaient des mouchettes. Enfin, en hiver, des Mésanges gavées sans effort à des mangeoires artificielles, exécutent peu après toutes les actions de becquetage et décorticage normalement nécessaires pour accéder à la nourriture, et déchirent des papiers, des rideaux, du linge, etc., actions désormais sans objet, si ce n'est pour épuiser les forces endogènes correspondantes.

Si la motivation est maximale, la situation stimulante externe peut donc tomber à zéro. Et les réponses qui s'expriment dans ces conditions sont appelées « *activités à vide* » ou « *activités explosives* ». Toutefois, comme l'observateur n'est jamais sûr de contrôler la totalité de la situation stimulante, et de pouvoir exclure absolument l'influence d'un facteur externe, on les appelle plutôt « *activités de débordement* » (*overflown activity; Leerlaufreaction*), ce qui évoque le dépassement d'un seuil considérablement abaissé. C'est manifestement le cas des Mésanges, cité en exemple.

La coopération entre les facteurs internes et les stimuli externes se réalise par l'intermédiaire d'un mécanisme inné de déclenchement, qui débloque la réaction amorcée par la motivation. En l'absence de stimuli externes appropriés, l'IRM n'est pas activé; si la motivation n'est pas suffisante pour dépasser à elle seule le seuil de réponse, la réaction n'est pas débloquée. Il faut alors admettre qu'un mécanisme interne accumule la force endogène, qu'il emmagasine, à la manière d'un condensateur, l'énergie interne potentielle spécifique de la réponse considérée (*action specific energy*). Cette hypothèse coïncide très bien avec le fait que si l'énergie interne augmente, le seuil de réponse diminue. Pour illustrer cette hypothèse, Lorenz (1950) a imaginé un modèle « hydromécanique » ou « psychohydraulique » (cf. figure 12). Ce modèle n'a pas la prétention de démontrer un mécanisme, mais d'expliquer schématiquement, par analogie, le *principe de coopération* entre facteurs internes et stimuli externes.

Un flot continu d'eau, représentant la source endogène de l'énergie spécifique d'action, s'accumule dans un réser-

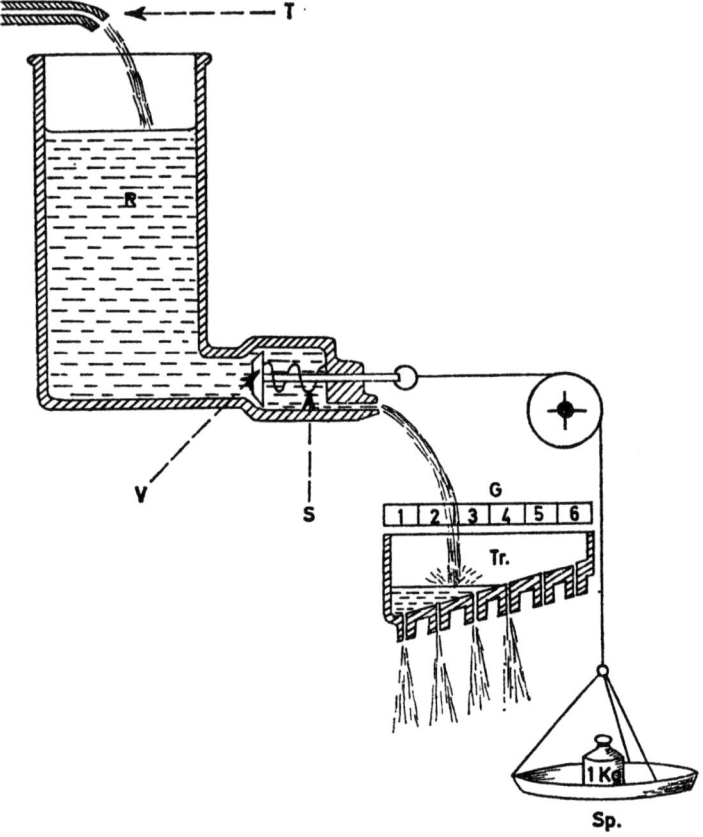

Fig. 12 : **Modèle hydro-mécanique de Lorenz (voir explications page 63). D'après Lorenz, 1950. Par autorisation de The Company of Biologists Limited.**

voir (R). La quantité de liquide accumulé dans le réservoir correspond à la quantité d'énergie disponible au moment considéré pour la réponse en jeu. Le jet s'échappant du réservoir représente la réponse motrice. La force du jet, c'est-à-dire, l'intensité de la réponse, peut être mésurée sur les graduations G et Tr. L'exutoire du réservoir est normalement fermé par une valve (V) bloquée par un ressort (S). La valve représente l'IRM et le ressort, son blocage. La valve peut être débloquée par l'action conjuguée et variable de la poussée du liquide en réserve, et de la traction des poids (Sp) représentant les stimuli externes. Le niveau de liquide détermine le seuil de réponse. S'il est peu élevé, le déblocage réclame davantage de poids, et inversement. Si la réserve est très importante, le déblocage peut s'opérer en l'absence de poids sur le plateau Sp. Le modèle rend donc très bien compte de la coopération entre motivation et stimuli externes et explique clairement le principe des « décharges à vide » : si l'énergie est maximale, elle peut débloquer seule la réponse. Inversement lorsque la motivation est épuisée par consommation de toute la réserve, la réponse motrice s'éteint, quelle que soit la stimulation externe. Enfin, on voit que lorsque la valve est faiblement débloquée, on obtient seulement des ébauches de réponses, ou encore, les réponses dont le seuil est le plus bas, tandis que lorsqu'elle s'écarte davantage, on obtient des réponses dont le seuil est plus élevé ou qui sont d'un niveau plus élevé dans l'échelle d'intensité.

Cette coopération entraîne ce que Lorenz a appelé la « méthode de quantification double ». Elle implique que l'on ne peut juger de l'efficacité d'un déclencheur que si on connaît la valeur (le niveau) des facteurs internes, et vice versa. Il faut noter ici que si on stimule un animal plusieurs fois successivement avec un même déclencheur, l'effet de ce stimulus diminue progressivement, si on en juge par l'intensité ou le nombre des réponses. Cette diminution est liée, pour le physiologiste, non pas à une fatigue musculaire, mais à une fatigue motivationnelle : la réponse est moindre parce que chaque présentation de stimulus diminue la quantité d'influx emmagasinée. Pour obtenir une réponse standard lors des stimulations successives, il faut donc augmenter à chaque fois l'intensité de ces stimulations externes.

Le modèle explicatif de Lorenz implique encore que l'apaisement d'une motivation ne peut être réalisé que par l'exécution d'une réponse, puisque c'est la seule voie permettant une décharge des influx emmagasinés dans le réservoir. Manning (1967) a opposé cette conception aux résultats des expériences de Janowitz et Grossman (1949). Ceux-ci ont opéré des chiens, de telle sorte qu'une fistule aboutissant à l'œsophage permet, soit de remplir l'estomac sans que le chien ait effectivement mangé, soit de recueillir les aliments ingérés sans que ceux-ci atteignent l'estomac. Il est ainsi possible de dissocier l'action de manger de ses résultats. Le schéma de Lorenz lui, impliquerait qu'un chien affamé dont on a bourré l'estomac mangera quand même encore, car les influx qui commandent ce comportement ont été accumulés et doivent se décharger. Or, un tel chien ne se nourrit plus dès que son estomac a été « artificiellement » rempli. Inversement, un chien dont on recueille les aliments ingérés, grâce à la fistule de l'œsophage, avant qu'ils n'atteignent l'estomac qui reste toujours vide, continue à manger beaucoup plus longtemps que normalement. Ce sont des stimuli sensoriels émanant d'un estomac qui se contracte à vide, ou qui est au contraire distendu, qui déterminent ou arrêtent le comportement d'alimentation. C'est donc le résultat, la situation finale qui comptent et, selon cette conception, le modèle psycho-hydraulique, s'il explique parfaitement les activités à vide, ne serait pas tout à fait complet dans la mesure où il ne prévoit pas une suppression ou un apaisement de la motivation autrement que par la consommation de l'action.

En fait, je conçois mal que l'on puisse opposer un schéma logique portant sur une situation d'ensemble chez des animaux normaux, à une expérience partielle sur des sujets de laboratoire en état de sujétion. C'est l'évidence même, comme le prouvent les expériences de Janowitz et Grossman, que ce sont des stimuli sensoriels internes qui commandent ou décommandent l'ingestion des aliments, *mais celle-ci n'est que l'action terminale d'une chaîne complexe.* En effet, pour se nourrir, un animal sauvage en situation normale ne se contente pas d'avaler sa pâtée comme un chien de laboratoire; il doit exécuter tout un travail préparatoire à la simple ingestion. Par contre, un animal dont l'estomac se trouverait rempli sans effort, et pour lequel l'ingestion est devenue sans objet, pourra apaiser sa motivation, c'est-à-dire, décharger son réservoir, en exécutant a posteriori tout le travail préparatoire à l'ingestion. On a vu ainsi des animaux repus qui se mettaient en chasse, et je cite pour mémoire les mésanges qui déchirent des papiers après avoir visité des mangeoires.

Appétence et consommation

A une motivation donnée correspond une réponse appropriée. L'animal qui est sous l'influence de cette motivation a *tendance* à se comporter de telle façon, et un changement de motivation entraîne un changement de tendance. Mais l'animal ne fournit généralement sa réponse qu'en présence des stimuli externes adéquats. Lorsqu'il est motivé, et selon qu'il rencontre ou ne rencontre pas ces stimuli, l'animal fournira donc sa réponse, ou se contentera d'indiquer sa tendance à répondre. Dans le premier cas, l'*exécution* de la réponse aura pour effet d'apaiser la motivation et on parlera d'*action de consommation*; dans le second cas, l'animal maintiendra sa tendance et continuera à chercher les stimuli propres à débloquer sa réponse; on dira qu'il est dans une *phase d'appétence*. Le comportement spontanément dirigé peut donc se manifester sous deux formes, et la terminologie utilisée (cf. Craig, 1918) — comportement appétif et action de consommation — dérive sans aucun doute d'analogies avec le comportement alimentaire. Un animal affamé est mis en *appétit*; il tend à répondre aux stimuli qui évoquent la nourriture; celle-ci, *consommée*, apaise l'appétit.

Lorsqu'une motivation est mise en jeu, on distingue ainsi normalement trois phases successives : une phase d'appétence, où l'animal manifeste sa tendance et recherche des stimuli adéquats; une phase de consommation quand l'animal a trouvé ces stimuli; enfin une phase d'apaisement. Une motivation correspondant spécifiquement à un comportement donné — manger, boire, s'accoupler,... — est fréquemment désignée sous le terme de « *tendance* » (ou « drive »).

Mesure des motivations

Lorsqu'on observe une réponse instinctive, la question se pose de savoir quelle est, dans l'intensité de cette réponse, la part, la fraction qui revient aux forces internes. Or, si on peut mesurer les stimuli externes et l'intensité de la réponse, on ne dispose, à l'heure actuelle, d'aucune méthode permettant de mesurer directement l'intensité d'une motivation. On peut en estimer indirectement l'importance d'après la durée du comportement appétitif ou le nombre de réponses de consommation. On peut observer les changements dans le temps de l'intensité et de la fréquence d'une réponse étudiée sous conditions constantes. On peut aussi mesurer les variations de l'intensité minimum du stimulus externe nécessaire pour évoquer une réponse standard. On peut encore mesurer les variations dans le temps de l'intensité minimum du stimulus nécessaire pour inhiber cette réponse. Ainsi, les Pinsons américains étudiés par M. M. Nice ne chantent pas au printemps si la température est basse; mais au fur et à mesure que la saison s'avance, et que la motivation sexuelle, et par conséquent, les tendances territoriales s'affirment, l'oiseau tolère, pour chanter, des températures de plus en plus basses, et fréquente ses postes de chant de plus en plus tôt le matin. Mais, comme on le voit, il ne s'agit que d'appréciations indirectes, et d'observations susceptibles de fournir seulement des indications.

Une méthode assez récente, et basée sur l'utilisation du principe du conditionnement operant, semble de nature à fournir des mesures plus précises (cf. Richelle, 1966). Elle a déjà été utilisée avec succès. On sait que dans l'utilisation habituelle de la cage de Skinner, une poussée sur un levier est suivie d'une distribution de nourriture. Ce renforcement augmente la probabilité d'émission de la réponse. Dans une cage de Skinner améliorée, la poussée sur le levier peut être renforcée, non par la distribution classique de nourriture, mais par la présentation temporaire d'un mâle rival, ou d'une femelle, dans une cage voisine. L'animal étudié peut ainsi, pendant l'unité de temps choisie par l'expérimentateur, décharger et apaiser, selon le cas, sa faim, son agressivité ou sa motivation sexuelle. Grâce au renforcement choisi, une liaison temporaire s'établit entre la poussée sur le levier et la présentation de nourriture ou du partenaire. L'animal en arrive à pousser sur le levier pour avoir l'occasion de décharger sa motivation. L'enregistrement des réponses standard, et la distribution temporelle de leur fréquence, donnent une mesure de l'évolution de la motivation.

On peut encore imaginer un dispositif expérimental dans lequel le passage d'un poisson devant une cellule photoélectrique, en un point précis de son aquarium, entraîne par un système de relais, la présentation de nourriture ou d'un leurre, mâle ou femelle. Le premier passage est entièrement spontané, mais le renforcement augmente la probabilité de voir le poisson se représenter devant la cellule, et provoquer une nouvelle apparition du leurre qui permet la décharge de la motivation agressive ou sexuelle. L'expérience donne en définitive une mesure de la tendance agressive ou sexuelle. Godefroid (1968) a mis au point, selon ce principe, une technique permettant de mesurer l'évolution journalière et saisonnière, sous différentes conditions de milieu, de la motivation à l'amassement de réserves chez le Hamster doré.

Il s'agit donc de lier une réponse simple et mesurable à un besoin déterminé (alimentaire, agressif, sexuel), et la mesure de la réponse donne une mesure de ce besoin et de son évolution. La seule difficulté réelle est de trouver l'astuce technique permettant de lier au renforcement une action propre et spontanée de l'animal permettant la mesure.

Nature des facteurs internes

Les comportements les plus élémentaires sont le plus souvent sous l'influence de stimuli sensoriels internes. Les contractions d'un estomac vide déterminent un animal à chasser; la tension des parois de la vessie le pousse à uriner; une élévation de la teneur en CO_2 du sang, mesurée par des centres respiratoires de l'encéphale, provoque chez un canard une accélération du rythme respiratoire et une ventilation des poumons par des battements d'ailes, très fréquentes après une plongée.

Les hormones jouent un rôle considérable : une Epinoche en reproduction répond positivement au leurre; mais un mâle castré, privé d'hormones sexuelles, n'est pas territorial, ne parade pas, ne s'accouple pas; si on lui injecte des hormones sexuelles, il manifeste un comportement territorial normal.

Lorenz enfin, a attribué au système nerveux central la production d'influx agissant comme cause directe des manifestations instinctives. La neurophysiologie appliquée aux mouvements de locomotion qui sont des comportements d'un niveau très élémentaire, a confirmé les conceptions élaborées au niveau des comportements d'un ordre plus élevé. Comportement et mouvements de locomotion sont des séquences de contractions musculaires qui ne diffèrent que par le degré de complexité. Or, des neurophysiologistes ont prouvé que, contrairement à l'opinion générale, les mouvements de locomotion ne sont pas seulement des réflexes. Ils comportent une bonne part d'automatisme spontané. Celui-ci réside dans la nature automatique, rythmique, des mécanismes nerveux. Ceux-ci produisent et distribuent des influx au système locomoteur, indépendamment de toute stimulation externe. Ils ont une activité autonome qui se poursuit même si on supprime les nerfs afférents : cela a été vérifié sur la moelle épinière du chat et sur la chaîne nerveuse ganglionnaire de la Blatte (Roeder, 1963). Cet automatisme des décharges met évidemment en pièces la thèse réflexologiste : le système nerveux central lui-même est responsable de la spontanéité du comportement, et il est plus qu'une simple machine réflexe entre les centres récepteurs et les centres moteurs.

L'automatisme des décharges, la distribution spontanée des influx ne se traduisent toutefois pas d'emblée en mouvements. Il faut pour cela, soit, que le stimulus afférent élève l'intensité ou la rythmicité des décharges; soit que le stimulus élimine un mécanisme de blocage qui empêchait la décharge des mouvements amorcés.

On a pu trouver dans certaines expériences la confirmation que la seconde hypothèse est la bonne : les stimuli n'augmentent pas l'excitation des centres automatiques mais permettent le déblocage des influx produits. Ainsi, chez la Mante religieuse, le comportement de locomotion et le comportement sexuel exigent normalement des stimuli très spécifiques. Or, lorsqu'on décapite une Mante, elle développe son comportement sexuel dans toute sa complexité (cf. Roeder, 1963). On en déduit que le comportement sexuel a une origine endogène, mais qu'il est bloqué par un mécanisme localisé dans la tête; un stimulus spécifique est nécessaire pour enlever le blocage, ou, à défaut, la décapitation. Cette disposition est très adaptative chez la Mante, car il est fréquent que le mâle se fasse décapiter lorsqu'il s'approche d'une femelle ! Lorsqu'on enlève le ganglion sus-œsophagien seulement, les mouvements de locomotion se produisent de façon continue; lorsqu'on enlève le ganglion sous-œsophagien c'est le comportement sexuel qui s'exprime librement et sans frein. On en conclut que ces deux ganglions céphaliques sont les sièges des blocages de ces deux types d'activité. Ces faits montrent que le comportement trouve son origine dans l'organisme lui-même, mais des inhibiteurs empêchent normalement son extériorisation, à moins que des stimuli externes très spécifiques n'interviennent et ne lèvent le blocage.

On conçoit tout l'intérêt de ce système d'amorçage — blocage et déblocage. Chaque action de locomotion ou comportement d'un ordre plus élevé, continuellement amorcés, sont toujours prêts à se produire; mais les blocages empêchent qu'ils ne se produisent tous en même temps et dans une totale anarchie; une action déterminée ne se produit qu'en présence d'un stimulus donné, c'est-à-dire, quand elle est adaptée à la situation et qu'elle se révèle utile à l'animal.

Ce qui est extrêmement important ici, c'est que les neurophysiologistes d'un côté, et les éthologistes de l'autre, chacun suivant sa propre voie et sa propre méthode, les premiers en travaillant au niveau d'organes isolés comme des moelles de chats ou des chaînes ganglionnaires de Blattes isolées des nerfs afférents, les seconds en travaillant sur l'animal entier, considéré dans toute son intégrité physique, sociale, écologique, sont arrivés exactement aux mêmes concepts de *spontanéité* et de système de blocage-déblocage, les uns à propos des mouvements de locomotion, les autres à propos des mouvements plus complexes du comportement inné. En fait, les éthologistes ont ouvert les yeux des physiologistes, en leur permettant de faire la liaison entre des faits isolés d'expérience et le comportement de l'animal entier, en leur permettant de comprendre dans quel contexte se replacent leurs travaux et d'en exprimer les résultats fragmentaires en terme de comportement général. Cette conjonction et cette complémentarité heureuse entre les deux disciplines sont magistralement illustrées par les travaux de Roeder sur les Mantes.

Nous pouvons dès lors mieux concevoir comment les concepts opératoires des éthologistes rencontrent la réalité physiologique. Pour l'éthologiste, le schéma explicatif simplifié veut que chez un animal convenablement motivé, la combinaison-clé de stimuli agit sur un mécanisme inné de déclenchement (IRM) qui débloque et libère une réaction toute prête, adaptée à la situation.

On conçoit mieux comment ce système fonctionne réellement, par analogie avec ce que les neurophysiologistes savent des mouvements de locomotion, et grâce à ce qu'ils commencent à savoir des comportements d'un ordre plus élevé eux-mêmes, comme le comportement sexuel des Mantes. Ainsi, les différentes réponses innées de l'arsenal d'un animal sont continuellement amorcées, sous l'action automatique de centres nerveux envoyant sans arrêt un flox d'influx aux centres moteurs. Au niveau de ceux-ci, chaque réponse amorcée est prête et immédiatement mobilisable, mais des blocages empêchent la transformation effective des influx en mouvements. La décharge des influx et l'exécution des comportements surviennent quand, d'une part, des stimuli sensoriels internes et des hormones diminuent le seuil de réponse, et que, d'autre part, l'animal rencontre dans son milieu, les stimuli externes adéquats. Ainsi donc, moyennant une motivation adéquate, la combinaison-clé de stimuli-signaux agit sur l'IRM qui enlève l'obstacle et libère la réaction adéquate, correspondant aux influx accumulés derrière l'obstacle.

Conflits de motivation

La concordance entre une combinaison-clé de stimuli et la réponse assurée par l'intermédiaire d'un mécanisme inné de déclenchement, permet en définitive de prévoir les réactions instinctives d'un animal. Toutefois, on a constaté

qu'en présence d'un stimulus donné, la prévision est parfois
déjouée; ce n'est pas la réponse attendue qui se produit,
mais un comportement qui paraît aberrant et semble ne pas
relever du tout de la situation. Les premiers éthologistes et
pionniers de l'éthologie moderne, comme Huxley, l'avaient
constaté, sans pouvoir l'expliquer. Ainsi, au moment de
se donner mutuellement des coups, deux coqs se livrant
bataille vont, finalement, se détourner l'un de l'autre, se
pencher vers le sol, et donner quelques coups de bec comme
s'ils recherchaient de la nourriture. Deux Avocettes rivales,
se rencontrant à la limite de leur territoire respectif, se
menacent, puis se détournent et prennent l'attitude du
sommeil, bec sous l'aile. Deux Etourneaux en conflit, au
comble de la tension, se mettent à se lisser et nettoyer le
plumage. Deux Epinoches territoriales engagées dans un
combat de frontières, se menacent face à face, puis se
détournent, et chacune, regagnant le centre de son domaine,
exécute sur le fond des mouvements de creusement. Dans
chaque cas, au moment où on s'attend à ce que la bataille
prenne tournure, les adversaires rompent le combat, et se
livrent à une action apparemment hors de propos à l'occasion d'une lutte : picorer, dormir, nettoyer, creuser, selon
les espèces. Il est évident qu'en la circonstance le schéma
explicatif « combinaison-clé agissant sur un IRM qui libère
la réponse » est mis en défaut. Dans d'autres cas, la réponse
est nettement composite; c'est un compromis, où on reconnaît des composantes de deux autres réponses, c'est-à-dire,
des éléments relevant de deux systèmes instinctifs différents !

Ces mouvements aberrants, inattendus, composites, sont
fréquents dans le comportement social des animaux, où
il y a souvent des conflits entre des tendances opposées.
Ainsi, un animal territorial est très agressif et belliqueux

au centre de son territoire, mais son impulsion a défendre son domaine et à affronter le rival diminue au fur et à mesure qu'il s'écarte du centre et se rapproche de la périphérie, tandis qu'au contraire, la tendance à éviter et à fuir le rival augmente. A la frontière commune entre les deux territoires voisins, les deux tendances sont en équilibre. Il n'est dès lors pas étonnant qu'on ait l'occasion d'y observer des réponses mêlées.

Il y a aussi, de toute évidence, des intercations entre les différents systèmes instinctifs. Imaginons, par exemple, une antilope occupée à manger. Elle a faim et a de l'herbe à sa disposition. Elle est convenablement motivée et est en présence des stimuli externes requis : elle mange donc. Mais si un prédateur, un lion par exemple, se manifeste, l'antilope cesse aussitôt de manger et s'enfuit. Pourtant, toutes les conditions sont toujours présentes pour que se poursuive l'action de manger. Il faut donc admettre qu'il existe certains systèmes dont l'activation affecte les autres actions en cours. Dès qu'ils sont stimulés, ils prennent la priorité, et inhibent les autres systèmes. De toute évidence, certains comportements sont contradictoires et incompatibles — manger et s'enfuir, couver et s'échapper, chasser et dormir — et les systèmes qui en sont responsables s'opposent et se freinent mutuellement. Il y a enfin des conflits où aucune tendance ne domine les autres.

Le vieux schéma explicatif clé-porte-réaction n'est donc plus suffisant pour rendre compte de ces actions aberrantes ou composites, et des possibilités d'interactions entre différents systèmes instinctifs. Un schéma conçu par Baerends (1941, 1960) tient compte de ces possibilités dont il constitue un modèle explicatif satisfaisant (figure 13). Selon cette conception, les systèmes sont organisés d'une manière hiérarchique. Les systèmes d'ordre supérieur d'un même

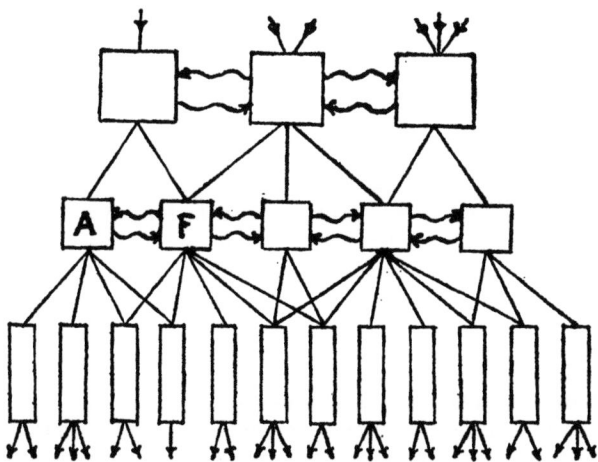

Fig. 13 : Structure hiérarchisée des systèmes responsables du comportement inné (voir explications dans le texte, page 76). D'après Baerends, 1960.

niveau (A et F par exemple) s'opposent et se freinent mutuellement (flèches ondulées). Un élément d'ordre inférieur peut être soumis à plus d'un système, et une conduite peut résulter de l'activation simultanée de deux systèmes instinctifs responsables, par exemple, des actions de l'attaque (A) et de la fuite (F). Puisqu'il existe une interaction entre les différents systèmes, les attitudes et mouvements d'un animal sont donc parfois et même généralement le résultat de réponses « mêlées ».

Ce type de schéma a été utilisé avec succès par les éthologistes pour expliquer les actions aberrantes, inattendues ou composites, connues mais jusqu'alors incomprises. En étudiant les conditions dans lesquelles peuvent se produire des conflits de tendance, ils ont montré qu'en cas d'interaction entre deux systèmes instinctifs différents, plusieurs phénomènes sont susceptibles de se manifester :

Les deux systèmes instinctifs activés peuvent faire valoir leur influence tous les deux. On dit alors qu'il y a *AMBIVALENCE* soit simultanée, soit successive. Dans l'ambivalence *simultanée*, les deux systèmes font valoir leur influence en même temps et on obtient un mouvement de *compromis*. Selon l'importance relative de la stimulation qui a porté sur chacun des deux systèmes activés, par exemple, l'attaque et la fuite, on peut enregistrer tout le gradient des compromis possibles entre les positions extrêmes d'attaque ou de fuite. Ainsi, chez la Mouette rieuse, le cou dressé traduit une tendance à la fuite, tandis que le bec pointé vers le sol signifie une tendance à l'attaque; lorsqu'il y a ambivalence entre ces deux systèmes, par exemple chez un sujet territorial en présence d'un rival voisin, la Mouette prend l'attitude « cou dressé — bec baissé ». Mais si elle se rapproche de la limite du territoire, la tendance à la fuite s'accentue, son importance relative augmente dans le compromis, et progressivement, la Mouette redresse le menton et le bec (cf. Tinbergen, 1952, 1959 — Moynihan, 1955) (figure 14). Dans l'ambivalence *successive*, les deux systèmes activés font valoir leur influence en alternance, et on obtient un mouvement *composite* où on reconnaît successivement des composantes de chacun des deux systèmes. Ainsi, en période de reproduction, un poisson *Tilapia* cantonné défend son territoire en menaçant intrus et voisins par une attaque frontale : bouche ouverte, opercules écartés, gorge gonflée, il se dirige vers l'adversaire. Il est fréquent que deux *Tilapia* voisins se présentent de face à leur frontière commune en une double attaque frontale. Au fur et à mesure que les rivaux s'écartent du centre de

Fig. 14 : Ambivalence entre l'attaque et la fuite chez la Mouette rieuse. Les hachures horizontales et verticales donnent une indication de l'importance relative des impulsions à attaquer et à fuir. D'après Tinbergen, 1959; Moynihan, 1955 et Baerends, 1960.

leur territoire et se rapprochent l'un de l'autre, la tendance à attaquer diminue et fait place à l'impulsion à fuir; au moment où ils approchent de la frontière et sont près de se toucher, les deux rivaux reculent. Au fur et à mesure qu'ils s'éloignent l'un de l'autre et se rapprochent du centre du territoire, la tendance à fuir diminue et fait place à celle à attaquer : les deux adversaires se rapprochent de nouveau. On peut assister ainsi à de très longs combats de frontière, faits d'une succession de mouvements d'attaque et de recul. Ou bien, les deux adversaires avancent ou reculent en même temps, se rapprochant et s'éloignant successivement; ou bien, l'un avance tandis que l'autre recule et vice versa, en un mouvement d'ensemble pendulaire. La danse nuptiale en zig-zag de l'Epinoche mâle lorsqu'une femelle pénètre dans son territoire, est l'expression d'une ambivalence entre les tendances à l'attaque et l'impulsion sexuelle. Van Iersel (1953) a montré que la branche zig de la danse est une composante d'attaque (elle se prolonge d'ailleurs parfois en une attaque véritable), et la branche zag, une composante sexuelle : c'est un élément du comportement par lequel le mâle conduit la femelle vers le nid; il se continue d'ailleurs fréquemment en un véritable mouvement de « conduire vers le nid ». En manipulant la situation stimulante au moyen de leurres, en insistant sur l'excitation qui porte sur l'un ou l'autre des deux systèmes « attaque » ou « sexualité » en jeu, on peut modifier l'importance relative — c'est-à-dire la longueur — des composantes zig et zag de la danse.

Dans d'autres situations conflictuelles, on observe des comportements aberrants et inattendus qui ne correspondent pas aux systèmes instinctifs en jeu. Kortland et Tinbergen (1940) les ont appelés à peu près en même temps des activités de *SUBSTITUTION* ou de *DEPLACEMENT* (« Ubersprung-Bewegung » — « Derived activity ») et Tinbergen en a énoncé les circonstances d'apparition. Elles se produisent très fréquemment à l'occasion de combats de frontières interterritoriaux, quand une impulsion au combat est contrariée par une impulsion à fuir; les deux systèmes instinctifs activés s'inhibent mutuellement, et les influx produits qui ne peuvent se décharger par aucune des deux voies en conflit, se redistribuent vers une autre voie de moindre résistance : deux Avocettes cessent le combat et prennent l'attitude du sommeil; deux coqs rivaux se mettent à picorer sur le sol; une Epinoche entreprend des creusements, etc. Il faut souligner que l'exécution d'une activité de substitution est facilitée si l'animal trouve précisément dans le milieu des stimuli externes de nature à débloquer l'activité utilisée comme substituant. Ainsi, on peut détourner le combat chez des coqs en jetant des grains sur le sol : les rivaux cessent le combat, saisissent les grains, mais ne les ingèrent pas et les laissent finalement retomber. L'activité de substitution ne peut donc être confondue avec un comportement alimentaire véritable. De même, le lissage de plumes de substitution est plus probable si on asperge de gouttelettes le plumage d'un étourneau. Indépendamment du combat, des activités de substitution peuvent encore se produire quand une activité sexuelle est contrariée, par exemple, quand le partenaire ne présente pas les déclencheurs attendus. Ainsi, l'Epinoche en parade décharge un surplus de motivation sexuelle en effectuant audessus du nid une ventilation de substitution. Ce mouvement a normalement pour objet d'assurer l'oxygénation des œufs; il est exécuté ici sans objet puisque le nid ne contient pas encore d'œufs. Enfin, quand un stimulus a activé une impulsion, puis cesse, l'impulsion peut s'assouvir par une voie différente; c'est le cas des actions stéréotypées qui suivent un accouplement. Pour Tinbergen, une activité de substitution ne provient donc pas de sa propre activation. Elle correspond à la décharge, par une voie inattendue, d'un surplus d'influx bloqué ailleurs par suite d'un conflit ou d'un défaut de la situation extérieure. Pour Van Iersel et Bol (1958), l'activité de substitution survient lorsque deux systèmes instinctifs antagonistes sont activés avec une force égale. Ces systèmes se freinent et s'inhibent mutuellement, tandis que leur action freinante sur les autres centres diminue, et ce sont les activités correspondant à ces autres centres qui se produisent. Ainsi, les actions de couver et de fuir sont incompatibles. Pour un oiseau posé sur ses œufs, le fait de couver freine la fuite; si un danger survient, la tendance croissante à la fuite freine à son tour l'impulsion à couver. Au moment où — le danger se précisant — l'impulsion à fuir équilibre celle à couver, les deux actions se neutralisent; aucune des deux n'est possible, mais leur action freinante sur les autres diminue, et l'oiseau effectue un nettoyage de plumes de substitution. Ce schéma explicatif de Van Iersel correspond à une conception de l'action de substitution plus limitée que celle de Tinbergen.

Les conflits de motivations peuvent enfin donner lieu à un troisième type de comportement. Il arrive que l'action dépendant d'un des deux systèmes activés ne soit pas freinée par l'action de l'autre; elle est seulement contrariée, et change d'orientation; elle est reportée sur un objet de remplacement (« Ersatzobjekt ») : au lieu de frapper son antagoniste, un Goéland territorial, au dernier moment, détourne son mouvement et porte ses coups sur des touffes d'herbe (cf. Bastock, Morris, Moynihan, 1953). C'est la conduite de *REDIRECTION (« Umrichten »).*

Synthèse explicative du comportement inné

Tinbergen (1953) a élaboré une synthèse explicative du comportement inné qui tient compte des enseignements de l'éthologie et de la physiologie. L'instinct apparaît enfin comme une réalité définissable en termes de fonctionnement. C'est la faculté d'accomplir à la perfection, sans apprentissage préalable, des actions spécifiques dépendant de conditions internes et de facteurs externes :

Les facteurs externes, ou stimuli-signaux, sont difficilement mesurables; ils agissent par combinaisons de nature plus ou moins configurationnelle déclenchant des réponses-type, et conformément à la loi d'addition quantitative des stimuli. En plus des stimuli déclencheurs, des stimuli directeurs jouent un rôle d'orientation de la réponse par rapport au milieu.

Les facteurs internes qui sont la source endogène du comportement, et qui contrôlent qualitativement et quantitativement la motivation, sont de trois ordres : ce sont des *hormones* et des *sensations proprioceptives*, qui augmentent l'excitabilité des centres sensori-moteurs et abaissent les seuils de réponse, et des *influx automatiques*, produits rythmiquement par le système nerveux central lui-même. Ces influx ne se traduisent en mouvements qu'après l'enlèvement d'un blocage, à l'intervention conjuguée de la motivation et de la combinaison-clé des stimuli agissant sur un mécanisme inné de déclenchement.

Cette synthèse explicative est basée sur l'identité des concepts auxquels sont parvenus éthologistes et neurophysiologistes — amorçage, blocage, déblocage, etc. — en travaillant chacun selon ses méthodes et à son propre niveau : l'éthologiste, sur les comportements complexes d'un animal entier en situation logique; le neurophysiologiste, sur des actions simples de locomotion à partir d'organes isolés. Or, entre les actions de locomotion et un comportement, il n'y a que des différences de *degré*, tout un gradient de complexité croissante et de niveau d'intégration de plus en plus poussé.

Le niveau le plus simple est la contraction d'une seule fibre musculaire; le niveau suivant est celui de la contraction des fibres d'un même muscle; puis celle des muscles d'une même articulation; puis celle des muscles d'un même organe de locomotion; puis les mouvements coordonnés de l'ensemble des organes de locomotion; et enfin, les mouvements donnant lieu à ce que nous appelons les comportements. Ces mouvements, de plus en plus complexes, dépendent de mécanismes de plus en plus intégrés dont on conçoit qu'ils sont disposés en un système hiérarchisé où on distingue différents niveaux d'intégration.

Tinbergen continue l'analyse au niveau des comportements et montre qu'eux aussi présentent des complexités différentes correspondant à différents niveaux d'intégration disposés d'une manière hiérarchique.

Le comportement reproducteur de l'Epinoche mâle peut être pris comme exemple.

Au printemps, une modification spontanée et cyclique dans le fonctionnement de l'hypophyse induit une motivation de reproduction. Celle-ci est accrue par l'allongement progressif de la durée de l'éclairement journalier. Les mâles, qui se trouvent en mer, sont ainsi induits à migrer vers les eaux douces et à pénétrer dans les estuaires. Dans les eaux douces peu profondes, l'élévation de la température, et la vue de la végétation caractéristique des biotopes de reproduction provoquent l'installation des mâles, dont chacun délimite un territoire de reproduction et présente toutes les manifestations liées à la possession de ce territoire : chasser les intrus, courtiser la femelle, construire le nid, etc. L'ensemble de ces activités dépend de la disposition à la reproduction et est lié à la territorialité, mais chacune d'entre elles dépend en outre de conditions très particulières de stimuli externes. Chez un animal territorial, on ne peut prédire laquelle de ces manifestations — combattre, courtiser, construire — se manifestera, à moins que l'Epinoche ne rencontre les stimuli spécifiques à l'une d'entre elles. La disposition à la bataille est déclenchée par l'intrusion d'un rival à ventre rouge; la disposition à courtiser, par l'apparition d'une femelle au ventre gonflé d'œufs; celle à construire, par la vue de matériaux pour le nid, etc. Les stimuli déclencheurs externes ont donc une action limitée; ils agissent spécifiquement sur la disposition à combattre, ou à courtiser, ou à creuser, mais pas sur la disposition reproductrice dans son ensemble.

De nouveau, si elle évoque la disposition à la bataille, l'intrusion d'un rival à ventre rouge ne dit pas laquelle des cinq sortes différentes de bataille va se produire. Le type de combat — menacer, mordre, poursuivre — dépend de stimuli supplémentaires qui ont également une action très spécifique. Si l'intrus mord, l'occupant du territoire mord à son tour; s'il menace, le poisson territorial menace également; s'il s'enfuit le propriétaire le pourchasse. Ces stimuli déterminent donc le type de bataille, mais n'agissent pas sur la disposition à la bataille dans son ensemble.

Les situations stimulantes externes différentes agissent à des niveaux d'intégration différents; un biotope convenable détermine la territorialité; un intrus détermine la bataille; l'attitude de l'intrus détermine le type de bataille.

Dans son comportement de reproduction, l'Epinoche passe ainsi de comportements très intégrés à des comportements moins intégrés et plus parcellaires, sous l'action de stimuli de spécificité croissante.

Organisation hiérarchisée de l'instinct reproducteur de l'Epinoche

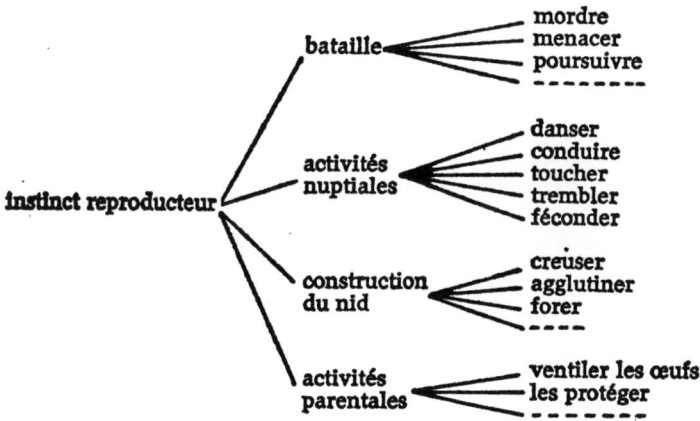

Selon cette conception il y a, aux différents niveaux d'intégration, différents aiguillages que commandent différents mécanismes innés de déclenchement répondant à des stimuli spécifiques, et à chaque niveau, un centre moteur contrôle un certain type de réponses.

Enfin Tinbergen a combiné cette organisation hiérarchisée des instincts au concept *d'appétence* (cf. page 67). En effet, l'activation d'un centre situé au niveau le plus bas de la hiérarchie donne une réponse relativement simple et stéréotypée, fixe. Celle-ci, située en position terminale dans une séquence, amène une chute des motivations, par la consommation des impulsions spécifiques qui l'ont activée. L'activation du centre qui occupe une position immédiatement supérieure dans la hiérarchie amène soit une disposition plus marquée de l'animal à réagir par les actes de consommation possibles et l'exécution répétée de ceux-ci en présence de stimuli adéquats; soit la réalisation de mouvements d'exploration au hasard, caractérisés non par la stéréotypie, mais par la plasticité et la variabilité. L'animal chez qui non pas une action de consommation comme mordre ou menacer, mais une disposition majeure comme combattre ou construire a été activée, exécute des mouvements de recherche jusqu'au moment où la rencontre des stimuli appropriés permet le déclenchement de l'acte d'exécution plus parcellaire. Celui-ci est rigide : c'est une combinaison de manifestations de caractère fixe et de taxies. Au contraire, le comportement préparatoire correspondant à une disposition majeure est variable; c'est une phase « intentionnelle » et dirigée, très complexe, faite de manifestations de caractère fixe, taxies, réflexes conditionnés, et apprentissages divers. Certes, il n'y a pas de véritable « intention » dans le comportement d'appétence. Lorenz a insisté sur le fait que l'animal qui tend vers un but ne recherche pas ce but pour lui-même, mais recherche les conditions qui permettent l'exécution des actes de consommation et l'apaisement de ses motivations. Un rat qui circule dans un labyrinthe ne cherche pas ses jeunes ou de la nourriture, mais recherche la situation qui permettra l'accomplissement des activités parentales et alimentaires.

De même, un Faucon Pèlerin affamé commence à chasser en circulant au hasard sur un domaine étendu. Cette première phase exploratrice peut conduire à capturer une proie de différentes manières; ce sont les circonstances de rencontre de proies éventuelles — pigeon épuisé, troupe de Sarcelles en vol, Campagnol courant sur le sol — qui déterminent la suite de la chasse. L'exploration continue jusqu'au moment où le rapace rencontre en une proie la situation stimulante qui permet d'abandonner les recherches au hasard, et de passer à une phase plus précise du comportement. Mais celle-ci n'est encore qu'une approche. La troupe de Sarcelles déclenche de « fausses attaques », série de manœuvres visant à isoler un sujet de la troupe. Ce comportement est répété jusqu'au moment où l'isolement d'un individu déclenche le piqué final de capture. Celui-ci est alors suivi d'un enchaînement d'actes d'exécution simples et stéréotypés : la proie est tuée, dépouillée, mangée. A chaque niveau de la hiérarchie, un centre contrôle donc un type de comportement appétitif, plus général aux niveaux supérieurs, plus spécialisé aux niveaux inférieurs. Ce sont les situations stimulantes de plus en plus spécifiques qui permettent le passage de l'influx vers les centres de niveau le plus bas où il est consommé.

Nous avons rencontré jusqu'à présent une remarquable identité de concept en éthologie et neurophysiologie, tant au niveau de l'amorçage continu des mouvements de locomotion ou des comportements d'un ordre plus élevé qu'au

niveau des principes de blocage-déblocage des influx
amorcés. C'est de nouveau une identité de concept dans la
structure hiérarchisée des centres nerveux qui a encouragé
Tinbergen à concevoir son modèle explicatif le plus complet
du comportement inné.

Les éthologistes arrivent, par leur méthode d'étude de
l'animal vivant à l'hypothèse de centres nerveux hiérarchi-
sés dont chacun remplit des fonctions intégratives de rassemblement d'informations et de redistribution, du plus
généralisé au plus spécifique. Les comportements ne sont
rien d'autre que des mouvements d'un ordre de complexité
et d'un niveau d'intégration plus grands que les mouvements de locomotion. Or, la structure hiérarchisée des centres nerveux responsables des mouvements de locomotion
est un fait établi en physiologie. Ainsi, Weiss compte, du
niveau d'intégration le plus bas vers le plus élevé :

— le niveau de l'unité motrice individuelle;

— toutes les unités motrices appartenant à un même
   muscle;

— les fonctions coordonnées de plusieurs muscles en rapport avec une même articulation;

— les mouvements coordonnés de tout un membre;

— les mouvements coordonnés de plusieurs organes de
   locomotion;

— les mouvements de l'animal considéré comme un tout.

Or, les cinq premiers niveaux, que l'on appelle les Weiss
1 à 5, correspondent à ce que l'éthologiste appelle une
manifestation de caractère fixe (FAP), tandis que le
niveau 6 correspond à l'ensemble des comportements de
l'animal. Tinbergen va donc, au-delà de la hiérarchie de
Weiss, décomposer le niveau 6 en plusieurs autres niveaux

d'un degré d'intégration de plus en plus élevé, et il en
donne une représentation graphique qui est une synthèse
remarquablement complète des mécanismes du comportement inné.

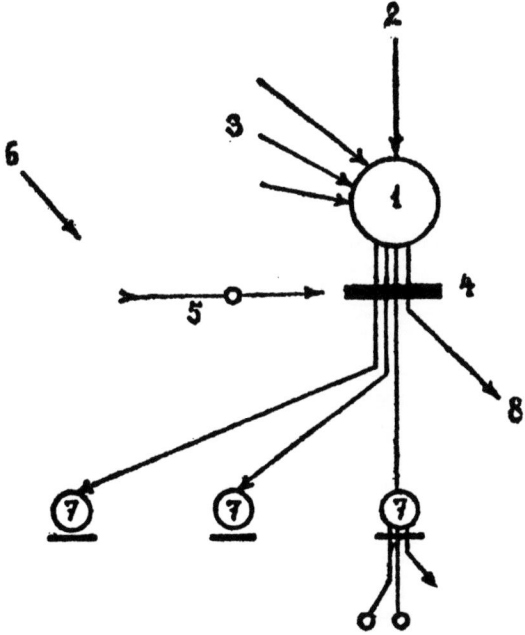

Fig. 15 : Organisation d'un centre intermédiaire. D'après Tinbergen,
1953, Ed. Payot, Paris.

Organisation d'un centre intermédiaire

Un centre de niveau intermédiaire (1) produit rythmiquement des influx contrôlant un type de réponses; il reçoit

d'autre part des influx du centre qui lui est supérieur (2). Il est sous l'influence de facteurs motivationnels (hormones, sensations proprioceptives, certains stimuli externes comme la lumière ou la température) qui abaissent le seuil de réponse (3). Un obstacle (4) empêche la décharge continue des influx sauf à l'intervention d'un mécanisme inné de déclenchement (5) qu'active une combinaison-clé très spéciale de stimuli externes (6). L'influx se distribue vers les centres inférieurs (7), mais ceux-ci sont également bloqués. En l'absence de stimuli-signaux appropriés pour débloquer un de ces centres inférieurs, les influx se déchargent alors en attente vers le comportement appétitif (8) du centre 1.

Le comportement de reproduction de l'Epinoche peut, une fois encore, être pris comme exemple (cf. figure 16).

Au printemps, un centre supérieur commandé par l'hypophyse et stimulé par l'allongement de la photo-période, induit le comportement de reproduction. Les influx produits par ce centre peuvent se distribuer selon deux voies : ou bien, se déverser sur le centre de niveau 1 qui contrôle les *activités de la reproduction*; ou bien, donner lieu au comportement appétitif correspondant au centre supérieur, c'est-à-dire, induire la migration de printemps vers les lieux de reproduction. Dès que l'animal pénètre dans les eaux douces peu profondes, la rencontre du biotope caractéristique de l'espèce, la température plus élevée, la vue de la végétation, déterminent la territorialité : ces stimuli spécifiques agissent sur le mécanisme inné de déclenchement qui lève l'obstacle de niveau 1 : le comportement appétitif — migration de printemps orientée — cesse, et les influx se déchargent vers les centres de niveau 2 commandant les activités liées à la *territorialité* : dispositions à combattre, à courtiser, à construire, etc. Mais ces centres sont eux-mêmes bloqués; les influx induisent donc le compor-

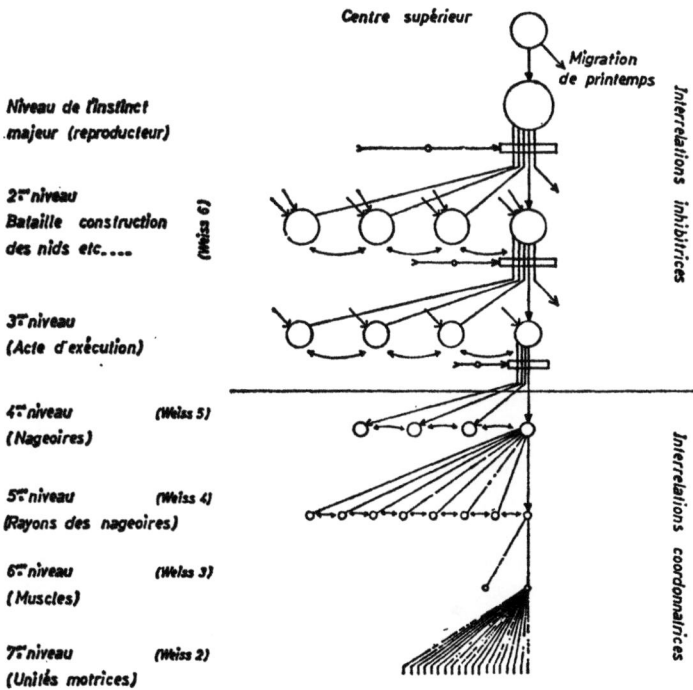

Centre supérieur

Migration de printemps

Niveau de l'instinct majeur (reproducteur)

2ᵉ niveau
Bataille construction des nids etc....   (Weiss 6)

3ᵉ niveau
(Acte d'exécution)

4ᵉ niveau (Weiss 5)
(Nageoires)

5ᵉ niveau (Weiss 4)
(Rayons des nageoires)

6ᵉ niveau (Weiss 3)
(Muscles)

7ᵉ niveau (Weiss 2)
(Unités motrices)

Interrelations inhibitrices

Interrelations coordonnatrices

Fig. 16 : Schéma explicatif de l'organisation hiérarchisée des centres contrôlant le comportement inné (voir explications page 90 et suivantes). D'après Tinbergen, 1953, Ed. Payot, Paris.

tement appétitif de niveau 2 : l'Epinoche erre sur son territoire jusqu'au moment où une combinaison-clé de stimuli — femelle gonflée d'œufs, ou intrus à ventre rouge, ou matériaux pour le nid — agit sur l'IRM spécifique d'un de ces centres de niveau 2, qui libère l'obstacle et permet le passage des influx vers le centre de niveau 3. Si le stimulus rencontré est un intrus à ventre rouge, c'est la disposition à la *bataille* qui est débloquée et les influx induisent le comportement appétitif au combat. Celui-ci se manifeste jusqu'au moment où une attitude précise de l'intrus débloque un des types possibles de bataille et permet soit une morsure, une menace ou une poursuite qui consomme l'influx.

Le modèle explicatif proposé par Tinbergen est bâti sur l'hypothèse d'une organisation hiérarchique des centres nerveux contrôlant des comportements bien précis. Il semble trouver dans la neurophysiologie un début de confirmation... On savait déjà en effet que la moelle épinière est le centre responsable des actions situées au niveau le plus bas de la hiérarchie, et correspondant aux actions de locomotion. Toute une série d'expériences ont permis de localiser très strictement des centres responsables des comportements occupant un niveau plus élevé dans la hiérarchie, et correspondant à un degré d'intégration beaucoup plus poussé, comme manger, dormir, se battre, etc. C'est Hess qui a le premier localisé dans l'hypothalamus — cette partie du cerveau liée aux émotions — la base anatomique responsable des mouvements instinctifs complexes. Ces interventions expérimentales peuvent être de différents ordres.

On agit par voie chimique en injectant dans l'encéphale des substances ayant une action très spécifique, stimulant ou inhibant certains comportements. Si on injecte dans le système nerveux d'un chat un gaz inhibant l'agressivité et l'impulsion au combat, ce chat se montre effrayé à la vue d'une souris.

On peut aussi léser des parties précises de l'hypothalamus. Des lésions dans la partie médiane provoquent un comportement de nutrition continu conduisant à l'hyperphagie et finalement à l'obésité. Inversement, la lésion de la partie latérale entraîne une aphagie totale, et l'animal se laisse mourir de faim au milieu de l'abondance. On localise ainsi au centre et sur les côtés de l'hypothalamus les centres de la satiété et de la faim. Et on désigne ici par « centre » une cellule ou un groupe de cellules nerveuses ayant une même fonction.

La stimulation électrique locale provoque des effets opposés à l'ablation : la stimulation de la partie médiane de l'hypothalamus arrête le comportement de nutrition, tandis que la stimulation de la partie latérale le provoque. Von Holst et Von Saint-Paul ont systématisé ce genre d'étude chez les Gallinacés. Ils pratiquent une fenêtre dans la boîte crânienne et y fixent un porte-électrodes. Un jeu de plusieurs micro-électrodes sont implantées plus ou moins profondément à différents niveaux du diencéphale. Une impulsion électrique provoque, en l'absence de toute stimulation externe, le comportement correspondant au centre qui est activé. Von Holst et Von Saint-Paul ont ainsi obtenu des comportements complets de bataille, fuite, sommeil, nutrition, soins corporels et sexualité. La stimulation simultanée des deux niveaux différents provoque différents types de réponses. On peut obtenir un mouvement de compromis comme dans l'ambivalence simultanée. Ou bien, les deux réponses se manifestent l'une après l'autre comme dans l'ambivalence successive. Ainsi, un premier stimulus détermine le dressement du cou; un second stimulus provoque le gonflement du plumage; à l'application simultanée des deux stimuli, l'oiseau dresse le cou pendant la stimulation, puis gonfle le plumage tout de suite après. Certaines combinaisons de stimuli provoquent des réponses tout à fait nouvelles : ainsi chez une poule, l'excitation isolée d'un premier centre provoque une distribution de coups de bec agressifs; celle d'un second centre provoque la fuite; et la combinaison des deux stimuli provoque une agitation et des cris frénétiques. Ce comportement fait penser à celui des femelles surprises près du nid; elles sont prises entre deux impulsions contradictoires à fuir le danger et à attaquer l'intrus pour protéger la nichée. Il en résulte une parade au cours de laquelle l'oiseau feint une blessure et détourne ainsi du nid l'attention de l'intrus.

Ces expériences confirment donc les hypothèses de l'éthologiste quant à l'existence des centres responsables des comportements instinctifs et quant aux possibilités de conflits entre centres, et à la production de réponses mêlées. Il faut cependant être extrêmement prudent dans l'identification de ces centres et dans la localisation des fonctions. Les différents centres agissent en effet les uns sur les autres, et se modulent au point qu'un même stimulus appliqué à différents moments en un même point précis ne provoque pas toujours la même réponse. Il reste que ce type de recherches, où l'expérimentateur provoque des comportements qu'identifie le naturaliste, est une des voies les plus fécondes qui s'offrent à la collaboration entre éthologistes et neurophysiologistes.

On aboutit, en définitive, à une redéfinition de l'instinct. C'est un mécanisme nerveux organisé hiérarchiquement, sensible à des stimuli amorceurs, déclencheurs ou directeurs, d'origine interne et externe, et contrôlant des mouvements coordonnés qui contribuent à la conservation de l'individu et de l'espèce. On ne peut plus, dès lors, parler d'un instinct que lorsque ces conditions se trouvent réunies. Ainsi, il n'y a pas d'instinct social : la vie sociale est faite d'une combinaison d'actions dépendant de centres commandant l'attaque, la fuite, la sexualité, etc. Mais il y a un instinct de sommeil, puisqu'on a pu localiser un centre

commandant le sommeil et un type de comportement appétitif.

*L'instinct devient donc une réalité tangible, localisable
et accessible à l'expérimentation.*

Interaction entre facteurs internes et externes

Le schéma de Tinbergen est extrêmement utile pour
expliquer les mécanismes du comportement inné. Aussi
complet soit-il, cependant, il est encore loin de rendre
compte de la totalité de la situation dans toute sa complexité. Les travaux de l'Anglais Hinde sur le cycle de
reproduction chez le Canari (in Beach, 1965), et de l'Américain Lehrman sur la reproduction des Tourterelles montrent en effet qu'il existe de nombreuses interactions entre
facteurs internes et facteurs externes. Ceux-ci agissent mutuellement les uns sur les autres, se freinent, se stimulent,
se modulent continuellement.

Ainsi, pour se reproduire avec succès, un Canari doit
successivement trouver un compagnon, construire un nid,
pondre, couver, élever les jeunes. Ces éléments doivent se
produire au bon moment et s'enchaîner correctement. Au
printemps, la période de reproduction débute par une réac-
tivation spontanée de l'hypophyse, elle-même stimulée par
l'allongement de la photo-période. Cette activation de
l'hypophyse entraîne la production d'hormones sexuelles
chez les deux partenaires. L'augmentation du taux d'hormones androgènes chez le mâle modifie son comportement
sexuel : il chante et exécute des parades de cour. Ceux-ci
accentuent la production d'hormones œstrogènes chez la
femelle. Des stimuli externes agissent donc sur sa disposition interne. L'augmentation du taux d'œstrogène pro-

voque, à la fin, le développement des ovules et la préparation du nid; la femelle récolte des herbes sèches et les dispose en coupe. Bientôt, sous l'action conjuguée de stimuli
internes (taux normal d'hormones) et de stimuli externes
(taux accru d'hormones dû à la présence du mâle chanteur
et à la vue du nid bien avancé), la femelle est prête à
l'accouplement. Au même moment, les oviductes commencent à s'élargir et la préparent à la ponte, tandis qu'elle
commence à perdre des plumes sur le ventre. Ils se forme
ainsi une « plaque » de peau nue, richement vascularisée,
qui assurera un contact étroit entre la couveuse et les œufs.
Le développement de la « plaque incubatrice » sensibilise
la peau du ventre qui ne supporte plus le contact de l'herbe
sèche; dès ce moment, la femelle, très sensible aux stimuli
émanant du nid, abandonne la récolte d'herbes sèches et
tapisse l'intérieur du nid d'une couche de plumes. L'élargis-
sement des oviductes, la disparition de l'excitation provoquée par les herbes, le contact doux des plumes, déterminent la ponte. Enfin, le contact d'un nombre fixe d'œufs
provoque l'incubation.

On imagine mal la foule d'expériences qu'il a fallu
réaliser pour déterminer le rôle respectif des facteurs internes et externes dans la préparation et l'enchaînement de ces
événements. A chaque stade, on a dû manipuler la situation
interne et les conditions d'environnement. Ainsi, par exemple, on sépare le mâle de la femelle pour retarder la sécrétion d'œstrogènes. Ou bien, on injecte des hormones pour
induire un développement hâtif de la plaque incubatrice
et un ramassage précoce de plumes. On peut aussi tapisser
le nid de plumes pour hâter la ponte, ou au contraire, la
retarder en enlevant régulièrement les plumes apportées par
la couveuse. On peut prolonger la ponte et retarder l'incubation en enlevant journellement un œuf avant que la

ponte soit complète, ou au contraire arrêter la ponte et provoquer l'incubation en complétant précocement la ponte.

Lehrman est parvenu à des conceptions identiques par des manipulations de même type chez la Tourterelle. Il a montré que la régulation du cycle de reproduction dépend d'un double jeu de relations réciproques (cf. figure 17).

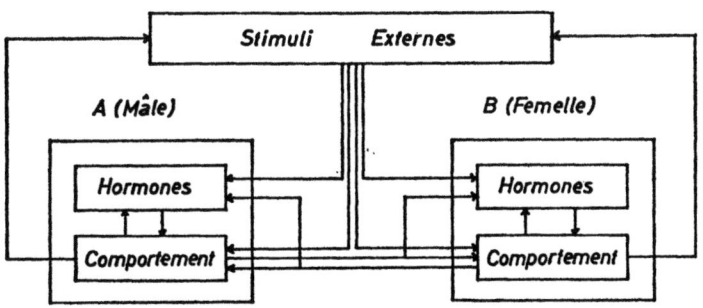

Fig. 17 : Schéma évoquant les interactions qui contrôlent le comportement de reproduction chez les Tourterelles (explications page 97). D'après Lehrman, 1964. Copyright by Scientific American, Inc. Tous droits réservés.

Chez un même oiseau, les hormones régularisent le comportement et sont elles-mêmes affectées par lui et par d'autres stimuli. Entre les deux partenaires, le comportement de l'autre, et réciproquement :

Les stimuli émanant de A provoquent des changements dans le comportement de B, et dans ses sécrétions endocrines; celles-ci induisent elles-mêmes un changement de comportement de B. Ce *nouveau* comportement de B provoque un changement dans le comportement et dans les sécrétions endocrines de A. Ce changement endocrinien de A provoque à son tour un changement dans le comportement de A, et ainsi de suite.

Ainsi donc, chaque effet, à quelque niveau qu'il se produise, devient à son tour une cause. Les interactions sont nombreuses entre le système qui se développe, ses composantes, ses effets. Ces observations et expériences montrent donc que les schémas explicatifs doivent se compliquer d'effets rétroactifs, de relations de « feed back », qui jouent un rôle important dans l'intégration, la coordination, et le déroulement des séquences comportementales.

CHAPITRE IV

EVOLUTION ET COMPORTEMENT

Ethologie et taxinomie

Il y a quelques années, selon que l'on était psychologue ou zoologue, on avait tendance à envisager les problèmes du comportement des animaux sous une optique assez différente. Les psychologues, s'intéressant particulièrement aux problèmes du comportement au niveau de *l'individu* ont été surtout sensibles aux variations individuelles des comportements et aux phénomènes d'apprentissage. Les zoologues, au contraire, du fait de leur formation, se sont intéressés au comportement au niveau de *l'espèce*, et par conséquent, se sont attachés surtout aux aspects du comportement suffisamment stables et fixes pour être considérés comme une caractéristique spécifique. Ce qui les a donc frappés, c'est la stéréotypie des comportements caractéristiques des espèces, c'est-à-dire, le comportement inné. Déjà, à l'époque des entomologistes-naturalistes du type de Fabre, les zoologues avaient conscience du caractère stéréotypé et spécifique des comportements, et Fabre lui-même proposait de distinguer et classer certaines espèces autant par des caractères comportementaux que par des caractères organiques. *A ce stade déjà, l'Ethologie appuyait la Taxinomie.*

Ethologie et phylogénie

Une nouvelle étape a été franchie au début du siècle, avec les travaux de Heinroth et Whitman. Ornithologues passionnés, ils étudiaient l'un et l'autre, une famille d'oiseaux auxquels allaient leur sympathie et leur préférence : les Anatidés (Oies et Canards) et les Columbidés (Pigeons et Tourterelles). Ces études comparatives d'un groupe d'espèces proches parentes, leur a permis à peu près à la même époque, et indépendamment l'un de l'autre, de tirer des conclusions d'une immense portée. Ils ont montré qu'il existe des comportements stéréotypés qui sont des caractéristiques de groupes taxinomiques — espèce, famille, ordre, etc. — et que ces comportements caractéristiques des groupes taxinomiques peuvent être assimilés à des organes, qu'ils doivent être considérés comme tels et étudiés comme tels. Cela revient à dire que l'on peut rechercher et établir des homologies de comportements, exactement comme on le fait au niveau des structures et des organes. Cela signifie, enfin, que par l'homologation des comportements, on peut établir des filiations et parentés, des relations phylétiques. *A ce stade donc, l'Ethologie rejoint la Phylogénie*, et vient appuyer l'étude historique des espèces.

Mais si, en morphologie, le concept d'homologie est vieux de 100 ans, il est, en éthologie, toujours dans l'enfance. Il est donc évident que l'étude des comportements dans une perspective transformiste, évolutionniste, est très en retard par rapport à l'étude des aspects évolutifs de la morphologie. Et il y a à cela de très bonnes raisons. Il a déjà fallu très longtemps pour arriver à un concept et à une esquisse de l'évolution en recourant aux enseignements conjugués de la morphologie, de la paléontologie et de la génétique. Or il est, dès le départ, beaucoup plus difficile de faire la monographie éthologique d'un animal, que d'en faire la monographie morphologique. Le morphologiste recourt aux pièces des collections qu'il utilise quand il le décide. L'éthologiste, lui, doit observer l'animal vivant, intact, si possible dans son milieu, et pendant très longtemps, de façon à inventorier et décrire l'assortiment complet de ses comportements. Il n'est donc pas étonnant qu'il y ait si peu de monographies éthologiques d'espèces. Or, ces éthogrammes sont la base indispensable à toute étude comparative. Ensuite, lorsqu'on dresse un éthogramme, il y a beaucoup de difficulté pratique à séparer ce qui est appris, acquis, de ce qui est inné, hérité. Le risque est grand de confondre ce qui est génotypique et ce qui est phénotypique. Ce genre de risque n'existe guère en morphologie. Enfin, pour vérifier ses hypothèses quant à l'évolution des structures, le morphologiste recourt aux arguments de la *Paléontologie*, mais celle-ci est impuissante à nous renseigner sur le comportement des animaux des temps passés. Donc en morphologie, l'anatomie comparée et la paléontologie s'appuient mutuellement, et permettent des conclusions solides. Une hypothèse avancée par l'anatomiste peut être vérifiée par le paléontologue. L'éthologiste, par contre, ne dispose pas dans sa propre sphère, de système de référence lui permettant de vérifier la réalité des homologies de comportement qu'il croit avoir reconnues. Il est donc nécessaire que les filiations établies par l'éthologiste concordent avec celles établies dans le cadre d'un autre système de référence, la morphologie comparée. Les difficultés de l'étude des aspects évolutifs du comportement sont donc multiples. Elles expliquent le retard de l'éthologie comparée par rapport à la morphologie comparée.

Génétique du comportement

Après Fabre, puis après Heinroth et Whitman, une troisième étape dans l'étude des aspects évolutifs du comportement a été franchie grâce à Lorenz. Heinroth et Whitman considéraient que les comportements pouvaient être assimilés à des organes et être étudiés comme tels. Lorenz, lui, a prouvé par l'observation et l'expérimentation, que ces comportements répondaient aux mêmes règles d'hérédité que les structures morphologiques : avec ses collaborateurs (von de Wall, 1963, 1968), il a étudié les différentes attitudes et postures de plusieurs espèces de canards, entre lesquelles il a ensuite réalisé des croisements, pour déterminer les règles de transmission de ces poses chez les descendants. De même, Dilger (1962) a croisé deux espèces de Perruches qui assurent différemment le transport des matériaux pour le nid. Ces matériaux sont des languettes d'écorce, ou, en captivité, des bandes de papier. La première emporte les languettes une à une dans le bec; tandis que la seconde en pique plusieurs à la fois entre les plumes du croupion. Lorsqu'on croise les deux espèces, les hybrides de première génération exécutent une sorte de compromis où on reconnaît des éléments des deux modes de transport. L'oiseau essaie de planter une languette dans les plumes du croupion, mais ne se décide pas à la lâcher ou ne parvient pas à l'implanter correctement et la bandelette tombe sur le sol. Il n'arrive à construire un nid que dans le cas où il essaie d'abord d'implanter la languette dans le croupion, mais la conserve finalement dans le bec. L'habitude ne parvient pas à améliorer cette séquence de compromis héritée. Enfin, on commence actuellement l'étude de mutants de Drosophiles, en croisant des variétés qui ne diffèrent que par un seul caractère d'ordre comportemental.

Il est d'ailleurs bien évident que des mutations affectant des structures ont, indirectement, un effet sur le comportement, dans la mesure où ces structures sont le support des comportements. Ainsi, chez la Drosophile, l'animal le mieux connu du point de vue génétique, il est établi que le gène appelé « bar » réduit le nombre de facettes de l'œil composé, et le gène « white » diminue la pigmentation des yeux. Or chez la Drosophile, le mâle commence sa parade en réponse à des stimuli visuels émanant de la femelle. La moins bonne vision entraîne donc des troubles dans la localisation des femelles et dans la réception des stimuli déclencheurs de la parade. Les gènes « forked » et « hairy » affectent le nombre et la structure des poils, ce qui entraîne une plus faible détection et une moins bonne coordination des phases de la parade dépendant des stimuli tactiles. Enfin, les gènes « vestigial » et « dumpy » altèrent la forme des ailes; il s'ensuit une diminution d'efficacité des parades, et une perte de succès auprès des femelles, car la vibration des ailes d'un mâle en parade stimule des organes sensibles à la base des antennes de la femelle.

Un bel exemple de génétique du comportement est fourni par le travail récent de Rothenbuhler (1964), sur le comportement de nettoyage des cellules chez l'Abeille. Il arrive qu'un Bacille, le *Bacillus larvae*, s'attaque aux larves et provoque leur mort. Dans certaines colonies, la maladie est rapidement enrayée : en effet, dès qu'une larve meurt, les ouvrières ouvrent la loge et en retirent le cadavre. Ces lots sont dits « hygienic ». Dans d'autres colonies au contraire, la maladie fait des progrès rapides, car les ouvrières ne retirent pas le cadavre en décomposition, mais abandonnent simplement la loge contaminée. Ces lots sont dits « unhygienic ». Les Hybrides entre les deux lots sont tous « unhygienic ». Ce caractère est donc dominant (U), et « hygienic » est récessif (h). Lorsqu'on recroise des hybrides avec le lot « hygienic » récessif, on obtient des résultats surprenants. Sur 29 colonies :

1) 6 décalottent les cellules et enlèvent les larves : elles sont « hygienic » ;

2) 8 ne font rien; elles sont « unhygienic » ;

3) 9 décalottent la cellule où la larve est morte, mais laissent le cadavre en place;

4) 6 ne décalottent pas la loge, mais enlèvent les cadavres se trouvant dans les cellules décalottées par l'expérimentateur.

On obtient donc 4 classes de comportements en proportions à peu près égales, et on constate que le comportement de nettoyage se décompose en deux parties dépendant de deux gènes différents — ouverture de la loge (h) et enlèvement du cadavre (r, pour « remote ») — qui doivent donc être associés pour que le comportement de nettoyage soit efficace. Les allèles « unhygienic » sont dominants (UUCC, C pour « corpse », cadavre); les allèles « hygienic » sont récessifs (hhrr).

L'expérience évoquée ci-dessus peut donc être résumée comme suit :

$$\text{UhCr} \times \text{hhrr} = \begin{array}{c} \mathbf{1} \\ \text{1/4 hhrr} \\ \\ \mathbf{2} \\ \text{1/4 UhCr} \\ \\ \mathbf{3} \\ \text{1/4 hhCr} \\ \\ \mathbf{4} \\ \text{1/4 Uhrr} \end{array}$$

Ainsi donc depuis Lorenz, les relations entre éthologie et génétique sont bien établies. Et des travaux de plus en plus nombreux ne cessent de les raffermir et de les éclairer.

Se rendant compte que les comportements stéréotypés répondaient aux règles de l'hérédité, Lorenz, dès 1937, les avaient appelés *Erbkoordination* c'est-à-dire, coordinations motrices héréditaires. On les appelle en anglais *Fixed Action Pattern* (F.A.P.). Ces manifestations de caractère fixe, ces « Patrons moteurs hérités », — comportements composés d'éléments de locomotion — sont des séries prédéterminées de contractions musculaires. Ils sont génétiquement fixés et s'expriment comme un tout, en bloc. Ce sont les unités de base de l'éthologie comparée.

Mécanisme de l'évolution du comportement

Appuyer la taxinomie, rejoindre la phylogénie, se baser sur la génétique, telles sont les étapes qu'a franchies l'éthologie dans l'étude des aspects évolutifs du comportement. Elle a refait, avec ses moyens propres, le trajet classique suivi par la morphologie au siècle précédent. De même que l'anatomie comparée avait démontré le foisonnement et l'évolution des structures, ainsi, l'éthologie comparée a révélé la diversité et l'évolution des comportements.

Ces évolutions, morphologiques ou comportementales, sont des ajustements sous la pression des forces sélectives du milieu. On sait en effet que, génétiquement, les différents individus d'une importante population diffèrent légèrement les uns des autres. L'espèce fait, au niveau des différents individus, différents essais. La sélection naturelle joue sur ceux-ci, en favorisant les individus les mieux ajustés au milieu. Or, la variabilité génétique sur laquelle et par laquelle joue la sélection naturelle, est continuellement maintenue et recréée; le milieu, de son côté, change également, et l'espèce, tendant à étendre son aire de répartition, rencontre des conditions nouvelles. L'ajustement de l'espèce au milieu, sous l'action des forces sélectives de l'environnement jouant sur la variabilité des individus, est donc un phénomène continu. Puisqu'elle s'adapte, l'espèce change. Son évolution est le résultat d'interrelations étroites : l'animal subit le milieu, mais il agit aussi sur lui; il le change, et par conséquent, modifie les forces sélectives qui le pressent. Ainsi donc, *variabilité* et *sélection* sont étroitement entremêlées; elles signifient *adaptation*, et *évolution*.

Le caractère adaptatif du comportement

Puisque la sélection naturelle agit au niveau des comportements pour les ajuster toujours davantage au milieu, on peut poser que tel comportement observé à un moment donné, doit avoir un effet avantageux pour l'animal et contribuer à sa survie. C'est bien là une particularité de l'enquête éthologique de poser les problèmes en terme de « fonction ». A la question classique du physiologiste qui demanderait « comment cela fonctionne-t-il ? », « quels sont les *mécanismes* qui déclenchent, orientent, entretiennent et arrêtent tel comportement ? », l'éthologiste ajoute l'interrogation : « Pourquoi l'animal se comporte-t-il de cette façon ? Quelle est la fonction de ce comportement ? A quoi cela lui sert-il ? Quel avantage en retire-t-il ? ». C'est en posant les problèmes de cette façon que les éthologistes ont donné de certaines structures ou comportements des définitions en terme de fonctions. Ainsi, le déclencheur est défini comme un organe adapté à la fonction d'envoyer des stimuli auxquels les congénères répondent de manière adéquate, c'est-à-dire, de telle façon que l'espèce en retire un avantage. Cette démarche est d'autant plus légitime que, comme l'a dit et montré Tinbergen (1963), l'étude des fonctions du comportement est aussi accessible à l'expérimentation que l'étude des mécanismes. D'ailleurs, lorsqu'il recherche l'effet avantageux d'un comportement observé dans le moment présent, l'éthologiste, lui, travaille au niveau d'une cause. Le fait présent est une cause qui aura un effet dans le futur. En modifiant plus ou moins ce fait, en expérimentant à son niveau, on en modifie les conséquences, qui sont mesurables.

En fait, cette prise de conscience et cette démarche sont très récentes. Et dès lors, les expériences réalisées dans cet esprit sont extrêmement rares. C'est encore à l'école de Tinbergen que nous sommes redevables des seuls faits vérifiés.

On sait que certaines espèces de chenilles adoptent sur les branches une attitude torturée qui les fait ressembler à un rameau. On a pu prouver que ce comportement est adaptatif, et leur permet d'échapper aux oiseaux insectivores. A cet effet, on a fabriqué des lots de chenilles dont la position évoquait des brindilles, et d'autres lots dont l'attitude n'était pas cryptique. Et on a constaté que la prédation des oiseaux s'exerçait effectivement davantage sur les secondes.

Dans une colonie de Mouettes densément peuplée, la ponte du premier œuf s'effectue à peu près à la même date moyenne pour toutes les femelles. Cette simultanéité, assurée par les rythmes physiologiques et la synchronisation mutuelle des couples, est adaptative. Elle réduit les risques de destruction par les Corvidés. On l'a vérifié en plaçant des œufs artificiels dans des nids à des dates précoces ou tardives. La plupart de ces œufs sont en effet enlevés ou cassés par les Corneilles. La prédation est donc une force sélective qui garantit la ponte autour d'une date moyenne. Ceci est avantageux car les différents couples de la colonie au même stade du cycle de reproduction assurent une défense commune des œufs et poussins contre les intrus. A supposer qu'une Mouette présente une modification dans le rythme hypophysaire induisant une ponte précoce, elle n'a guère de chance de transmettre ce caractère à ses descendants, car les prédateurs élimineront ses œufs.

Un troisième exemple montre qu'un comportement peut être le résultat d'un compromis entre plusieurs pressions sélectives. Après la naissance des poussins, la Mouette Rieuse élimine les débris de coquilles; les saisissant du bec, elle va les jeter à l'écart de la colonie. Toutefois elle attend environ deux heures avant d'effectuer ce nettoyage du nid. C'est le temps nécessaire pour que le plumage du jeune devienne sec. Or, on a pu prouver que les Corvidés repèrent surtout les nids contenant des débris de coquilles.

Mais on constaté aussi qu'un poussin fraîchement éclos dont le duvet est humide est attaqué par les Mouettes voisines. L'enlèvement des coquilles deux heures après l'éclosion tient compte de ces deux dangers. Immédiatement après l'éclosion, le risque de prédation intraspécifique est le plus grand; deux heures plus tard, celui-ci est bien moindre que le risque d'attirer les Corneilles. L'ensemble du comportement d'enlèvement des coquilles est donc la résultante du jeu de plusieurs forces sélectives. Ce jeu est partout présent et est particulièrement évident au niveau des parures et parades nuptiales : celles-ci ont pour effet d'attirer sur l'animal paradant l'attention des rivaux ou des femelles, mais il attire aussi immanquablement le regard des prédateurs éventuels. En période de reproduction, l'espèce trouve avantage à développer ces parades et parures, au risque même d'attirer le prédateur. Mais elle a intérêt à limiter dans le temps ces exhibitions de mouvements et coloris voyants. Cela est réalisé, chez les oiseaux vivement colorés et à dimorphisme sexuel accusé, par l'existence de mues pré- et postnuptiales. Chez les poissons, le même résultat est atteint par le jeu des chromatophores, qui rendent extrêmement labiles les patrons de coloration : un poisson Cichlide passe ainsi sans transition d'une parure voyante à une coloration cryptique, selon qu'il est en présence d'une femelle ou que survient un danger.

On peut quasiment toujours dire qu'un comportement est adapté. Tel, qui paraît aberrant chez un animal captif, s'éclaire et prend toute sa signification lorsqu'on l'observe dans l'environnement naturel. Dans un milieu donné, on peut observer des ressemblances de comportement entre différentes espèces. Ces ressemblances peuvent traduire des affinités entre ces espèces. Ou bien, il s'agit de convergences; dans ce cas le comportement considéré est certainement avantageux dans ce type d'environnement. Ainsi, on sait que la plupart des petits Passereaux font valoir leur droit sur leur territoire en chantant du haut de perchoirs. Mais les espèces qui se reproduisent dans des espaces dégagés (steppes, savanes, bruyères, prairies) ont, toutes, développé un vol territorial accompagné de chant (Alouettes, Pipits, Cisticoles); ce vol est adapté à faire valoir le chant du propriétaire dans un milieu dépourvu de perchoirs.

Il est des comportements — activités de substitution, décharges à vide, activités de débordement — qui paraissent tout à fait aberrants, hors de propos. Si, dans leur expression, ils peuvent paraître inadaptés, nous savons toutefois qu'ils résultent de mécanismes sous-jacents qui, eux, sont adaptés. Il est en effet important pour l'animal de décharger ses surplus de motivation, d'éliminer des influx qui ne peuvent s'exprimer par leur voie normale, d'abaisser un état de tension. De même, l'organisation hiérarchisée des instincts (cf. Tinbergen, 1953) a pour effet, en canalisant les influx vers une voie d'attente — le comportement appétitif — ou vers des centres de niveau inférieur, de permettre le passage progressif de comportements très généraux à des comportements de spécificité croissante, et force l'animal à retarder l'acte de consommation jusqu'au moment où celui-ci est parfaitement adapté à la situation stimulante. Le mécanisme, en lui-même, est adaptatif. Par conséquent, lorsqu'on veut déterminer dans quelle mesure un comportement est adapté, il faut non seulement étudier l'animal dans toute son intégrité, mais il faut atteindre à une compréhension d'ensemble de la situation, tant physiologique qu'écologique. Et dès lors, les deux questions : — Comment ? — et Pourquoi ? — fusionnent pour ne plus former qu'une seule interrogation : « Comment l'animal fait-il pour survivre ? ».

Les enseignements de l'Ethologie comparative

J'ai énuméré plus haut les difficultés de l'éthologie comparative lorsqu'elle a pour objet l'inventaire et l'homologation des patrons moteurs hérités. Il convient maintenant d'en dresser un premier bilan. Quelques groupes zoologiques seulement ont été étudiés sous cet angle. Ce sont les Pigeons (Whitman, 1919), les Anatidés — Oies et Canards — (Heinroth, 1911; Lorenz, 1941; Von de Wall, 1963, 1968), les Laridés — Goélands et Mouettes — (Tinbergen, 1959), les Araignées, les Mantes et Crabes *Uca* (Crane, 1949, 1952, 1957), les Sauterelles (Jacobs et Faber, 1953), et les poissons Cichlides (Baerends et autres, 1950, 1963). En raison même de leur rareté, et de l'intérêt que ce genre d'études présente pour des développements théoriques, il est intéressant d'en détailler quelques exemples.

Les Laridés

Tinbergen et ses collaborateurs ont, pendant plusieurs années, étudié sur le terrain en différents points du globe, le plus grand nombre possible d'espèces de Goélands et Mouettes. Ceux-ci constituent un groupe homogène sur le plan morphologique, les « *Laridés* ». Ils ont tous, aussi, hérité en commun d'un ensemble de comportements qui permettent de reconnaître en chacun d'eux un authentique Laridé, aussi sûrement que sur la base de critères morphologiques. La plupart de ces espèces vivent sur les plages et nichent sur le sol. Mais une d'entre elles, la *Mouette tridactyle*, est adaptée à un milieu particulier : elle vit dans les zones côtières et les îles bordées de falaises, et niche sur d'étroits surplombs rocheux dominant l'océan. Par l'anatomie et l'éthologie comparées, Cullen (1957) a montré qu'il existe 33 points par lesquels la Mouette tridactyle, à partir d'un héritage commun aux Laridés, est devenue différente des autres Goélands et Mouettes. Ainsi, on peut reconnaître dans ses attributs physiques et comportementaux qu'il s'agit bien de caractères de Laridés, de la même façon que l'on reconnaît dans l'aile des chauves-souris un membre antérieur de mammifère. Du fait de son mode de vie particulier dans un habitat qui lui est propre au sein du groupe, la Mouette tridactyle a toutefois donné un sens propre aux comportements qui font partie du bagage héréditaire commun à tous les Laridés. J'en citerai deux exemples :

Les Mouettes et Goélands marquent leur présence sur leur territoire par de « *longs cris* » et une « *position oblique dressée* », tandis qu'il indiquent l'emplacement du nid par une « *inclinaison* » du corps vers le sol (figure 18). Chez la Tridactyle, territoire et emplacement du nid sont confondus sur l'étroit surplomb de falaise, et l'oiseau n'utilise plus qu'un seul mouvement *l'inclinaison*, à la fois pour indiquer l'emplacement du nid et pour défendre le territoire. Un patron-moteur « Laridé » hérité, sans objet dans ce cadre particulier, a donc été perdu. Remarquons qu'une modification du bagage comportemental héréditaire se fait plus souvent par perte d'un élément. Il est en effet plus facile de perdre un patron-moteur que d'en fabriquer de nouveaux. Comme en morphologie enfin, un élément perdu au cours de l'évolution peut être remplacé, mais non retrouvé.

Chez les Mouettes en général, deux oiseaux qui se font face, à l'occasion d'un combat ou en début de formation du couple, apaisent l'agressivité de l'opposant en détournant la tête (figure 19). Par contre, un poussin menacé,

Fig. 18 : Attitudes servant à défendre le territoire et indiquer l'emplacement du nid chez les Goélands et Mouettes (voir page 112). D'après Tinbergen, 1959, Ed. Brill, Leiden.

effrayé, se sauve et va se tapir sur le sol. Mais chez la Tridactyle pourtant, un poussin, confiné sur son étroite corniche, ne peut se sauver pour se mettre à l'abri. Aussi, en présence d'un danger, a-t-il recours au même patron-moteur qu'utilisent des adultes rivaux : il détourne la tête dans le geste rituel d'apaisement. La Tridactyle rencontre donc une exigence de l'environnement en exprimant précocement chez le jeune une conduite typique de Laridé adulte.

Si elles peuvent être adaptées à des situations particulières, il n'en est pas moins vrai que, quant à la *forme*, ces conduites héritées sont très stables et très conservatrices;

Fig. 19 : **Apaisement de l'adversaire par détournement de la tête chez les Goélands et Mouettes (voir page 112). D'après Tinbergen 1959, Ed. Brill, Leiden.**

elles gardent leur caractère fondamental, puisque même quand elles sont intégrées dans un nouveau contexte, ou qu'une fonction nouvelle leur est assignée, il est encore possible de reconnaître leur origine et de les identifier.

Les patrons-moteurs hérités en commun par des espèces proches parentes peuvent, sous l'action des forces sélectives du milieu être amenés à se séparer sous deux aspects : la forme d'une part, la fréquence d'emploi d'autre part.

Ainsi, le comportement par lequel les Laridés marquent leur présence au territoire — la position oblique dressée et les longs cris (« *oblic long calls* ») — a une forme très stable au sein des différentes espèces (cf. figure 20) : dans un premier temps, l'oiseau baisse la tête (a-b); puis, il la rejette en arrière en criant (b-c); enfin, la tête revient en

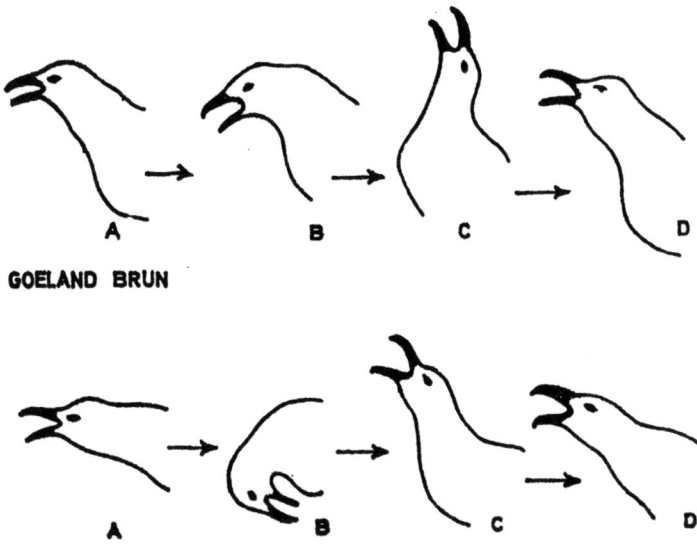

GOELAND BRUN

GOELAND ARGENTE

Fig. 20 : **Différences de forme et d'amplitude dans le mouvement** servant à indiquer la présence au territoire chez les Goélands bruns et argentés (voir pages 115-116). D'après Tinbergen, 1959, Ed. Brill, Leiden.

position normale (c-d). Or, chaque espèce, dans une même séquence, insiste et met l'accent sur des parties différentes de cette séquence, si bien que, malgré la parenté de forme et la communauté d'origine, l'ensemble, grâce à cette micro-évolution, prend finalement une allure différente chez les différentes espèces et permet de les distinguer : le Goéland brun rejette davantage la tête en arrière, tandis que le Goéland argenté l'incline davantage vers le bas (cf. Tinbergen, 1959).

Ce sont encore ces deux espèces qui nous permettent d'illustrer le second cas. On considère que l'une et l'autre ont évolué séparément, dans des aires distinctes, en tant que races géographiques d'une même espèce, qu'elles ont subi une évolution divergente se marquant tant au niveau des comportements qu'au niveau des structures, et qu'elles sont devenues secondairement sympatriques par extension de leur aire respective (cf. Mayr, 1940). Elles ont alors conservé chacune leur originalité. Le Goéland argenté est sédentaire et côtier; le Goéland brun est migrateur et préfère la haute mer. L'un et l'autre possèdent deux cris d'alarme distincts dont l'un, plus fréquent chez le Goéland argenté, exprime une alarme de faible intensité, et l'autre, plus fréquent chez le Goéland brun, exprime une alarme de haute intensité. Or les deux espèces peuvent nicher en colonies mixtes. Dans ce cas, un même sujet d'inquiétude provoque le cri de faible intensité chez le Goéland argenté, et celui de haute intensité chez le Goéland brun. Il y a donc entre les deux espèces une différence dans le seuil des réponses d'alarme. Il ne s'agit encore ici que d'une différence de fréquence d'emploi, mais on peut imaginer la disparition, chez chacun, de la réponse la moins usitée, ce qui entraînerait, par perte, une différence dans l'équipement moteur des deux espèces.

Les Anatidés

Puisque l'évolution peut entraîner des modifications de l'équipement moteur, on conçoit que, lorsqu'on a réalisé l'inventaire des patrons hérités au sein d'un groupe zoologique, une famille par exemple, on puisse utiliser directement la présence ou l'absence de tel ou tel caractère pour appuyer la taxinomie. C'est ce que Lorenz (1941) a proposé dans son étude d'ensemble de la famille des Anatidés (Oies, Bernaches, Tadornes, Canards). Il a réalisé un tableau synoptique où la position taxinomique de chaque espèce est fonction de son équipement moteur. Ainsi, certains comportements, comme le pépiement monosyllabique d'un poussin perdu, sont communs à tous les Anatidés; d'autres, sont communs aux Canards mais n'existent pas chez les Oies; d'autres enfin, sont particuliers à certains groupes de Canards seulement. L'utilisation de ces critères comportementaux, alors que les critères taxinomiques traditionnels étaient épuisés, a permis le réajustement et le regroupement de certaines espèces.

Au sein des Anatidés également, Lorenz (1941 et 1958) a inventorié, catalogué, décrit et baptisé une série de poses qui font partie de l'héritage commun aux Canards de surface : Colvert, Pilet, Chipeau, Sarcelle d'hiver, etc. Ces mouvements sont propres aux mâles, qui les exhibent sur l'eau à l'occasion de parades — les jeux d'ensemble — qui doivent aboutir à la sélection de l'un d'entre eux par une femelle. Ce sont notamment (figure 21) :

— *le secouement initial du bec* (1) : le bec est secoué dans le plan vertical;

— *le secouement de la queue* (2) : dans un plan horizontal;

— *la balançoire* (3) : très rapidement, le Canard bascule

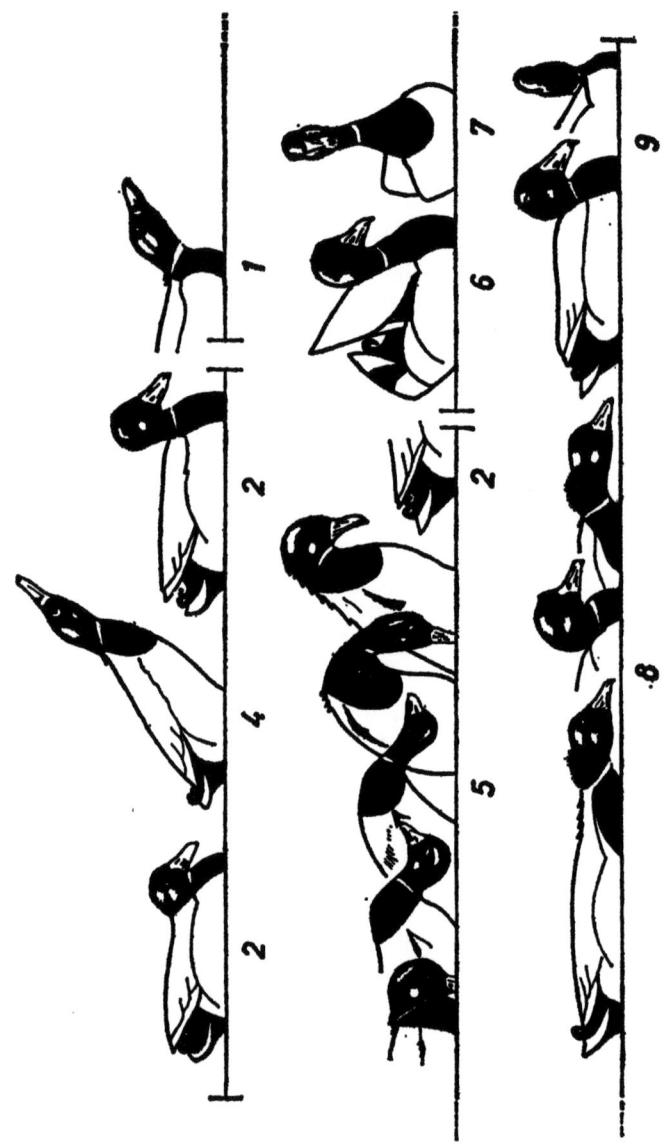

Fig. 21 : Attitudes intervenant dans la parade des Canards de surface. L'ordre de succession des mouvements représentés ici est propre au Canard Colvert (voir texte page 117). D'après Lorenz, 1958, Copyright © by Scientific American, Inc. Tous droits réservés.

vers l'avant, plonge le bec dans l'eau et relève la tête, celle-ci occupant la position la plus redressée, alors que la poitrine a la position la plus basse, et que l'arrière-train est soulevé au-dessus de l'eau;

— *le secouement introductif* (4) : la tête est rentrée dans les épaules, est secouée rapidement deux ou trois fois, puis le cou se détend, et le corps tout entier se soulève au-dessus de l'eau;

— *le jet d'eau* (5) : le Canard plonge le bec dans l'eau, projette sur le côté une gerbe d'eau, effleure de nouveau du bec la surface, puis il se dresse de toute sa hauteur au-dessus de l'eau et, enfin, retombe en position normale;

— *haut et court* (6) : la tête est redressée et rejetée en arrière, en même temps que le croupion est soulevé sur l'eau, le Canard donnant l'impression de raccourcir en même temps qu'il augmente sa hauteur;

— *tourner* (7) : le Canard oriente le corps vers une femelle;

— *la nage au ras de l'eau* (8) : le corps aplati sur l'eau, le Canard nage en étendant par saccades le cou vers l'avant;

— *détourner* (9) : il se détourne et montre l'arrière de la tête à la femelle.

Ces mouvements, parfois très légèrement différents quant à la forme d'une espèce à l'autre, peuvent être homologués chez les différents Canards de surface. Mais chaque espèce, dans sa parade, les utilise dans un ordre qui lui est propre. Lorsqu'une femelle se pose près d'un groupe de Colverts mâles, ceux-ci s'exhibent en une succession de trois séquences principales de mouvements : tout d'abord, ils exécutent surtout des « secouements introductifs » composés invariablement des mouvements 2-4-2; puis, ils exécutent des jets d'eau, où se succèdent les mouvements 1-5-2; enfin, si la femelle persiste, on peut observer une séquence plus élaborée comprenant dans l'ordre les mouvements 6-7-8 et 9. Chez la Sarcelle d'hiver, on observe également trois séquences principales à partir des mêmes éléments : le jeu d'ensemble débute par des secouements introductifs 2-4-2; il se poursuit par quelques balançoires (3) très rapides; il atteint son maximum d'intensité par une séquence plus élaborée encore que chez le Colvert, et comportant dans l'ordre : 5-2-4-6-7-9. Selon que le mâle est plus ou moins motivé, cette troisème séquence peut, chez le Colvert comme chez la Sarcelle d'hiver, être exécutée dans sa totalité ou, au contraire, s'arrêter après l'un ou l'autre mouvement. Toutefois, chez les deux espèces, certains mouvements (6-7) se succèdent obligatoirement; ils sont soudés l'un à l'autre au point de ne plus former qu'un seul patron-moteur. L'utilisation en combinaisons différentes d'éléments hérités en commun donne évidemment à la parade de chaque espèce, une signification propre, comprise de cette seule espèce. Si les Canards de surface élevés dans la promiscuité de la captivité produisent facilement des hybrides féconds, ils ne le peuvent pas dans la nature, car ces parades, construites à partir d'éléments communs aux différentes espèces, sont devenues tellement spécifiques qu'elles sont un obstacle aux croisements. Elles tiennent séparées les unes des autres des espèces vivant dans le même habitat; elles forment des mécanismes éthologiques d'isolement. Malgré ces combinaisons spécifiques, on identifie sans discussion les éléments constitutifs caractéristiques du groupe Canards-de-surface.

Les Cichlides

Baerends et Baerends van Roon (1950) ont jeté les bases de l'Ethologie comparative des poissons Cichlides. Depuis, ce groupe a fait l'objet de recherches de plus en plus abondantes dans plusieurs laboratoires et aquariums. Les différentes espèces exhibent un héritage commun de patrons-moteurs qui permettent d'identifier un Cichlide aussi sûrement que sur la base de critères morphologiques traditionnels. La comparaison de l'équipement moteur, de la forme des mouvements, de la fréquence d'utilisation et du contexte dans lequel ils s'expriment, permet aussi de distinguer des entités taxinomiques comme les genres, sous-genres et espèces. Il n'est pas douteux que l'Ethologie comparée est d'un appoint très précieux pour clarifier la Taxinomie et la Phylogénie de ce groupe en pleine spéciation. Mais cette étude est d'envergure, car la famille est extrêmement vaste; elle comprend un nombre énorme d'espèces, et on en décrit encore régulièrement de nouvelles.

La ritualisation

Les patrons-moteurs hérités sont très stables et conservateurs. Ils sont donc intéressants à étudier dans leur *forme*, car en dépit de modifications mineures, ils permettent de reconnaître et d'établir *l'unité* d'un groupe taxinomique. Mais si chaque patron-moteur est très conservateur, il existe cependant un niveau du comportement qui donne plus facilement prise aux pressions sélectives, qui se prête à une évolution rapide et permet une diversification plus poussée.

Il s'agit des comportements, si abondants dans les relations sociales des animaux, et dont nous dirions qu'ils sont motivés émotionnellement et correspondent, par exemple, à l'effroi, l'agressivité, le rapprochement sexuel ou leurs combinaisons variables. Un comportement peut correspondre à une seule de ces émotions, par exemple l'effroi. C'est le cas d'un oiseau qui s'apprête à fuir au vol, et qui, dans une attitude typique, fléchit les jambes, abaisse le corps, tend le cou, écarte les ailes, prêt à bondir. Ou de cet autre qui s'apprête à l'attaque et qui, plumage ébouriffé, tend le cou et le bec vers l'intrus. Le point capital ici est que, selon l'importance de la peur ou de l'agressivité que l'on a éveillée chez l'oiseau considéré, son attitude sera plus ou moins esquissée ou profondément marquée. Toute la gamme peut être obtenue entre l'attitude normale de repos et l'envol ou l'attaque réels. Ces actions préparatoires, souvent incomplètes, qui apparaissent au début d'une activité, lorsque la motivation est encore incomplète ou imprécise, nous renseignent et renseignent les partenaires sociaux de l'animal sur ce qu'il a l'intention de faire. Ce sont les *mouvements d'intention*. Or, beaucoup de ces mouvements, variables quant à l'intensité de leur expression, ont été saisis par l'évolution, qui en a retenu la forme la plus spectaculaire, en raison de sa valeur signalante et de sa fonction de communication entre partenaires. De nombreux mouvements d'intention à l'envol, exécutés sous une forme spectaculaire non équivoque, et mettant souvent en évidence certaines marques du corps — par exemple, les ailes qui s'écartent et découvrent un croupion blanc — servent à alerter les autres membres du groupe d'un danger possible. De nombreuses parades de menace, fixes dans leur forme et leur intensité, sont également dérivées de ces mouvements d'intention à l'envol ou à l'attaque.

Un comportement peut correspondre aussi à une combinaison d'émotions. Or, nous savons que les conflits de motivations entraînent des conduites ambivalentes, des activités de substitution ou de redirection. Si deux systèmes instinctifs responsables, par exemple, des patrons-moteurs exprimant l'attaque (A) et la fuite (F) sont stimulés simultanément — et cela est très fréquent lorsqu'un animal voit surgir un intrus — on obtient, dans l'ambivalence simultanée, un mouvement de compromis où les deux composantes « attaque » et « fuite » sont bien reconnaissables et sont présentes en proportions variables selon l'importance de la stimulation qui a porté sur chacun des deux systèmes instinctifs activés. En stimulant plus ou moins fort chacun de ces deux centres responsables de l'attaque et de la fuite — soit par l'implantation simultanée d'électrodes aux deux niveaux correspondants du cerveau, soit en présentant à l'animal des leurres réunissant en combinaisons variables les stimuli déclencheurs de l'attaque et de la fuite — on peut obtenir un gradient complet de toutes les valeurs de compromis possibles entre les réponses extrêmes d'attaque et de fuite. C'est le cas chez des espèces que l'on peut considérer comme plus primitives sur la base de critères morphologiques. Mais chez des espèces qu'on peut considérer comme plus évoluées, sur la base de ces mêmes critères morphologiques, on constate qu'il n'existe plus tout le gradient de compromis possibles, mais seulement une seule valeur; il n'est plus possible, en stimulant plus ou moins fort l'attaque ou la fuite, en jouant sur la situation stimulante, de modifier l'importance relative des composantes « attaque » et « fuite » des mouvements de compromis. L'évolution en a, en effet, retenu et figé une valeur déterminée en fonction de sa valeur signalante particulière. Elle a fait ce que Huxley, avec 50 années d'avance sur son temps, appelait dès 1914, une *ritualisation*. Baerends et Blokzyl (1963) étudiant les mouvements de compromis entre l'attaque et la

fuite qui, chez les poissons *Tilapia* s'expriment par la position plus ou moins dressée et tendue des nageoires, ont
montré que la valeur du quotient A/F retenue par l'évolution pouvait être différente chez différentes espèces.

La comparaison des mouvements d'incitation chez le
Tadorne et le Canard Colvert (Lorenz, 1941) est une belle
illustration du cas théorique exposé ci-dessus. Dans un
couple de Tadornes, espèce considérée comme plus primi-
tive, la femelle est la plus active à chasser ou menacer les
intrus; elle tend et agite le cou et la tête dans leur direction,
incitant ainsi son mâle à se joindre à elle. Il arrive qu'elle
se précipite en une attaque franche, cou tendu à l'horizontale; mais au fur et à mesure qu'elle approche de l'adversaire, son impulsion à attaquer est de plus en plus contre-
balancée, puis dominée, par l'impulsion à fuir; elle fait donc
volte-face, et court se réfugier près du mâle; mais au fur
et à mesure qu'elle s'en approche, l'impulsion à fuir diminue, celle à attaquer reprend le dessus, et alors qu'elle a
toujours le corps tourné vers son mâle, la femelle menace
de nouveau l'intrus en tendant le cou dans sa direction.
L'ensemble de ce comportement, l'incitation, n'est pas un
patron-moteur hérité, mais est le résultat d'un compromis
entre deux pressions variables, les deux motivations en jeu.
Enfin, l'orientation du cou de la femelle est déterminée par
la *position* des antagonistes : mâle, femelle et intrus; on
peut donc enregistrer tous les angles possibles entre l'axe
du corps et le cou de la femelle. Une des nombreuses positions possibles chez le Tadorne — corps tourné vers le
mâle et cou rejeté au-dessus de l'épaule — se retrouve chez
le Colvert, espèce considérée comme plus évoluée. Mais
ici, la femelle ne tient plus compte de la position des antagonistes : elle jette la tête par-dessus l'épaule même si ainsi,
son bec est pointé dans une direction opposée à l'intrus.

D'autre part, le mouvement d'incitation se manifeste non plus comme un compromis entre deux mouvements, un d'attaque, l'autre de fuite, mais s'exprime comme un tout indissociable, comme un bloc de coordinations motrices obligatoirement soudées. Ainsi, un *mouvement de compromis résultant d'un conflit chez le Tadorne, devient par ritualisation, chez le Colvert, un nouveau patron-moteur hérité.* Remarquons toutefois que le jet de tête par-dessus l'épaule chez le Colvert contient encore la réponse d'orientation : si l'intrus est en face de la femelle, elle garde les yeux tournés vers lui, et la tête va moins loin vers l'arrière; au contraire, si l'intrus est derrière, la tête file plus vite et plus loin par-dessus l'épaule. La réponse d'orientation et le nouveau patron-moteur sont donc superposés.

Chez la Mouette Rieuse (cf. Tinbergen, 1959), deux mâles rivaux, face à face, donnent à la tête et au cou une position plus ou moins horizontale ou, au contraire, redressée, selon l'importance du conflit entre l'attaque et la fuite. Dans la parade sexuelle, les deux partenaires, allongés *côte à côte*, se penchent à l'horizontale tout en redressant la tête. Un mouvement ambivalent dépendant du conflit attaque-fuite dans le comportement agonistique est donc, par ritualisation, utilisé sous une forme fixe et non hostile dans la parade sexuelle.

Lorsque deux systèmes instinctifs sont activés simultanément avec une force égale, ils se freinent, s'inhibent mutuellement, et l'influx, qui ne peut se décharger par aucune de ces deux voies, se décharge par une troisième, de moindre résistance, et donne lieu à une conduite inattendue : *l'activité de substitution.* Celle-ci a pour fonction première de consommer un surplus d'influx qui n'a pu se décharger par la voie normale. Mais secondairement, l'activité de substitution peut se ritualiser, c'est-à-dire, se modifier, s'adapter à une situation particulière, et acquérir une nouvelle signification. Il en est ainsi du *lissage de plumes* chez les canards. Tous les canards possèdent un lissage ou un fourbissage des plumes de l'aile, qui est un comportement de soins corporels; celui-ci peut être utilisé, comme activité de substitution, dans des situations conflictuelles précises; ce lissage de substitution peut, à son tour, s'intégrer dans la parade où, par ritualisation, il s'adapte à une nouvelle fonction de déclencheur social. L'éthologie comparative des canards montre en effet que, chez certaines espèces, plus primitives, le lissage nuptial est à peine différent du lissage corporel; c'est le cas du Tadorne qui, dans les deux cas, touche du bec les couvertures alaires. Chez d'autres espèces, le lissage nuptial s'écarte davantage du lissage corporel et s'en distingue plus facilement quant à la forme : le Colvert soulève l'aile, en révèle le dessous blanc et le souligne en y fourrageant, tandis que la Sarcelle d'été soulève l'aile et souligne du bec les couvertures alaires bleues. Chez les espèces les plus avancées enfin, le lissage nuptial est très différent du lissage corporel, et on n'en comprend plus l'origine qu'en suivant l'évolution du mouvement chez les autres espèces; c'est le cas du Canard Mandarin, qui montre du bec une tache orange précise du plumage. En comparant le degré de ritualisation du mouvement chez les différentes espèces de canards, on voit donc comment, de simple activité de substitution au début, le lissage de plumes acquiert une nouvelle fonction en s'intégrant dans la parade, et comment, en s'adaptant à des situations particulières pour souligner des coloris du plumage, il s'écarte de plus en plus, quant à la forme, du lissage corporel d'origine. La ritualisation consiste donc ici en une exagération d'un mouvement banal et naturel, à sa transformation dans le sens du spectaculaire, de la non-ambiguïté, de la spécificité, et en son intégration dans une parade où il a une fonction de communication entre partenaires sociaux. Les Grues possèdent également un lissage de plumes parmi leurs mouvements de soins corporels. A l'occasion d'un combat contrarié, il est utilisé comme activité de déplacement. Or celle-ci, chez les différentes espèces, est plus ou moins ritualisée et adaptée à une nouvelle fonction de menace : chez certaines, elle est toujours très semblable au lissage corporel; chez d'autres, au contraire, elle s'en écarte très fort, et possède toutes les caractéristiques du déclencheur social : non-ambiguïté, netteté, spécificité.

L'éthogramme de l'Epinoche (cf. Tinbergen, 1952, 1953) fournit un autre exemple bien étudié de ritualisation d'une activité de substitution. Lorsque les œufs ont été fécondés, le mâle se place à l'entrée du nid, et il assure la circulation de l'eau, et par conséquent le renouvellement de l'oxygène au niveau des œufs par des battements des nageoires pectorales. Ce mouvement de *ventilation* peut être activé en augmentant artificiellement la teneur de l'eau en anhydride carbonique. L'Epinoche peut également exécuter cette ventilation en dehors de la phase parentale du comportement sexuel, notamment, pendant la garde territoriale; elle élimine alors par cette voie un surplus de motivation sexuelle. A ce moment, ce mouvement de substitution n'a aucune signification déclenchante; il consomme simplement des influx freinés ailleurs. Enfin, quand, dans la parade, le mâle se place en présence de la femelle à l'entrée du nid où il cherche à la faire pénétrer, il exécute un mouvement qui ressemble tout à fait aux ventilations parentale ou de substitution : c'est une ventilation ritualisée, qui a pour fonction de montrer l'entrée du nid où sont déposés les œufs.

Si on compare le comportement de l'Epinoche à celui d'une espèce voisine l'Epinochette, on constate que le degré de ritualisation de la ventilation de parade n'est pas aussi poussé chez cette dernière. Comme pour le lissage de plumes chez les Canards et les Grues, la comparaison des homologies permet donc de retracer le processus de ritualisation. Enfin, il faut souligner que la ventilation de parade dépend d'une motivation différente de celle poussant à la ventilation parentale ou à la ventilation de substitution. Comme le mouvement d'*incitation* chez le Colvert, le processus de ritualisation implique donc une restructuration des mécanismes du comportement, la conduite ritualisée n'étant plus mise en jeu de la même façon que le mouvement d'origine.

Dans leur vie sociale — comportements, agonistique, sexuel ou parental — les animaux sont très fréquemment sujets à des conflits de motivation. Il n'est pas étonnant, dès lors, que leurs parades soient des successions ou des combinaisons de mouvements d'intention, de conduites de redirection, d'activités de substitution ritualisées. Ces parades ont été spécialement bien étudiées chez les oiseaux où elles sont particulièrement spectaculaires. Depuis le début du siècle, des ornithologues, fascinés par ces exhibitions — le « *bird display* » — les avaient décrites avec minutie dans toute leur complexité. Mais on ne pouvait que s'interroger sur leur origine.

Ainsi, au cours de son cycle de reproduction, un oiseau exécute successivement, en réponse à une motivation et à des stimuli externes précis, une série de comportements banaux et naturels, comme ramasser des matériaux pour le nid, les passer au conjoint, alimenter la couveuse, nourrir les petits, etc. Mais ces comportements peuvent aussi apparaître précocement, en dehors de leur contexte normal, par

exemple, lors de la formation des couples. Ces comportements sont alors sans rapport avec leur objet initial. Ils
sont devenus indépendants des motivations à construire,
nourrir, etc. Ils s'inscrivent dans un autre contexte — la
parade sexuelle — et ont une nouvelle fonction. Enfin,
ils sont exécutés sous une forme plus ostentatoire, stéréotypée, devenue un véritable *rituel*. C'est d'ailleurs en observant la parade sexuelle chez les Grèbes huppés que Huxley
a compris l'importance évolutive de cette transformation
qu'il a appelée *ritualisation*.

Les deux Grèbes plongent sous l'eau, puis ressurgissent,
l'un et l'autre, une touffe d'algues au bec; ils se rapprochent,
se font face, puis se dressent au-dessus de l'eau, poitrine contre
poitrine (figure 22). Chez l'Oie cendrée (cf. Lorenz, 1951),
les deux partenaires plongent simultanément la tête dans l'eau
et la ramènent vers le flanc; ce mouvement, répété rythmiquement, précède l'accouplement. C'est une forme plus fixe
du mouvement que l'oiseau exécute normalement pour rassembler des matériaux pour le nid. Chez le Busard des marais,
les deux conjoints se rapprochent en vol; l'un d'eux culbute sur
le dos, et ils se touchent les serres. Cette cérémonie rappelle
— ou annonce — l'échange de nourriture entre mâle et
femelle lors de la nidification : le mâle annonce par un sif-
flement son retour de la chasse à la femelle au nid; celle-ci
prend son vol et se porte à sa rencontre; parvenus l'un près
de l'autre, le mâle lâche sa proie, et la femelle l'attrape dans
ses serres en basculant sur le dos. Chez les Sternes, le mâle
offre à sa compagne un petit poisson qu'il vient de pêcher.
Le transfert de nourriture scelle la formation du couple. Le
Cormoran, quant à lui, présente à sa compagne une branchette
ou une plume. L'échange de nourriture ou de matériaux pour
le nid est un élément très fréquent dans la parade sexuelle
des oiseaux.

Si les ornithologues avaient minutieusement décrit les
cérémonies de parade et en avaient souligné tout le rituel,

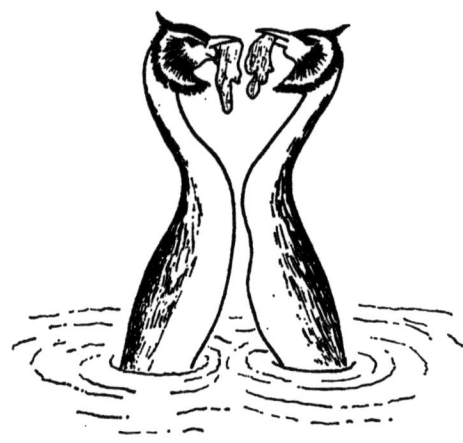

Fig. 22 : Formation du couple chez le Grèbe huppé : les deux oiseaux se dressent sur l'eau face à face en tenant au bec des plantes aquatiques (voir texte page 129). D'après Huxley, 1914 et 1966.

c'est l'éthologie lorenzienne qui en a clarifié l'origine : les récoltes de matériaux pour le nid, ou les échanges de nourriture sont, en effet, des activités de substitution, devenues des éléments essentiels de ces cérémonies.

Un comportement ritualisé est donc, à l'origine, un comportement banal, un patron-moteur hérité, qui perd sa fonction originelle, et qui, s'intégrant dans un nouveau contexte, s'adapte à une nouvelle fonction de communication. Il devient un signal qui doit entraîner une réponse adaptée chez le partenaire, dans un délai très bref, par une sorte de réflexe éthologique. Il assure une décharge ou une réduction d'agressivité sous une forme non dommageable, par exemple, dans le simulacre qu'est le combat territorial. Enfin, répété en longues cérémonies, il assure la coordination et la synchronisation entre les partenaires, il affermit et garantit le lien sexuel. En effet, chez deux partenaires se rapprochant l'un de l'autre, et singulièrement au moment de l'accouplement, la tension agressive augmente. Elle est déchargée et redirigée par le biais des cérémonies de salutations ritualisées qui, exécutées de façon synchrone par les partenaires, raffermit le couple : ce sont les claquements de bec des Cigognes ou le rejet de la tête sur le dos chez les Cormorans à chaque retour au nid, la cérémonie du triomphe chez les Oies, etc.

De l'ensemble des travaux réalisés sur la ritualisation des comportements, et dont le bilan a été dressé à l'occasion d'un symposium présidé par Huxley (1966), cinquante ans après qu'il eut son intuition géniale, il ressort que le concept de ritualisation implique trois conditions :

1. La première est la *cristallisation*, la fixation du mouvement qui est désormais exécuté d'une manière toujours identique : forme, amplitude, vitesse, sont régularisées et fixées. C'est le concept de *l'intensité fixe* ou de *l'intensité type* (Morris, 1957). S'il veut être efficace et compris, un signal social doit en effet être clair, non équivoque; la confusion doit être impossible. L'intensité de la réponse ritualisée ne diffère pas en présence d'un stimulus faible ou fort : seule, la durée est affectée; le mouvement, identique quant à la forme, la vitesse, l'amplitude, est *répété rythmiquement* plus ou moins longtemps.

2. Le mouvement ritualisé est *modifié* par rapport au mouvement d'origine; il est plus ostentatoire, il en exagère l'effet théâtral, en s'adaptant à sa fonction signal. Parallèlement, des formes, structures, couleurs nouvelles s'accentuent et se développent. Ces structures et mouvements

se soulignent mutuellement pour exagérer encore davantage l'effet signal du comportement.

3. Enfin, il y a *restructuration des mécanismes* : le comportement ritualisé, le nouveau patron-moteur devient un comportement inné propre, indépendant du mouvement ancestral et du conflit de motivation d'origine. Il est intégré non seulement dans un nouveau contexte, mais dans un nouveau système causal. Il acquiert « l'autonomie complète d'un instinct indépendant », ayant son propre mécanisme inné de déclenchement, sa propre spontanéité, et son propre comportement appétitif (Lorenz, in Huxley, 1966); c'est le *concept d'émancipation* (Lorenz, 1951, 1961). Prouver expérimentalement qu'un comportement est devenu indépendant des mécanismes d'origine, tant vis-à-vis du patron-moteur banal ancestral, que vis-à-vis de ce même mouvement utilisé comme activité de substitution par exemple, est très délicat. On peut y parvenir en montrant que l'augmentation des conditions favorables à l'expression du mouvement d'origine n'augmente pas la probabilité d'émission de la réponse ritualisée. Ainsi, on sait qu'une augmentation de la teneur en anhydride carbonique active la ventilation parentale chez l'Epinoche. La ventilation de substitution exprimant un excès de sexualité à l'occasion de la garde territoriale peut également être favorisée par l'augmentation de CO_2, car les influx se déchargent plus facilement par une voie si les stimuli externes qui concourent au déblocage de cette voie sont présents (deux coqs rivaux pratiquent plus volontiers le picorage de substitution si on jette des grains sur le sol). Mais pas contre, si l'émancipation est accomplie, l'augmentation de CO_2 ne doit avoir aucune influence sur la fréquence de la ventilation ritualisée intégrée dans la parade sexuelle.

Comportement et spéciation

Si les patrons-moteurs hérités sont très stables et conservateurs, et témoignent de l'unité et de l'homogénéité d'un groupe taxinomique, le comportement d'espèce proches parentes peut néanmoins différer à différents niveaux et se diversifier de plusieurs manières.

Les patrons-moteurs peuvent subir une micro-évolution dans leur forme; plus souvent, on note des différences dans les seuils de réponse ou dans la fréquence d'emploi. Ces différences quantitatives peuvent, à la limite, aboutir à la perte d'un des patrons hérités, et se traduire, en définitive, par une modification qualitative de l'équipement moteur. Des espèces voisines peuvent organiser et combiner en séquences particulières des patrons-moteurs hérités en commun, ce qui confère à chaque ensemble une fonction signal permettant la reconnaissance spécifique. Enfin, par ritualisation, des patrons ou combinaisons de patrons motivés émotionnellement peuvent se cristalliser, s'émanciper, et s'adapter à des situations particulières en devenant des déclencheurs sociaux.

Or, il est clair qu'à partir du moment où un patron-moteur, devenu déclencheur social, a atteint un certain degré de spécificité, il agit comme *mécanisme d'isolement,* et accentue — ou garantit — la spéciation, en empêchant les croisements et les confusions interspécifiques. Il en est ainsi du lissage de plumes plus ou moins ritualisé et plus ou moins modifié chez les différentes espèces de canards de surface; le mouvement du bec est différent et indique l'emplacement, souligne le contour des structures colorées. C'est le cas aussi dans leurs parades de jeux d'ensemble, composés d'éléments communs diversement combinés. Chez les Drosophiles, les mâles courtisent les femelles en exécutant des mouvements d'ailes; ceux-ci sont différents d'une espèce à l'autre; il s'agit de mouvements homologues divergeant à partir d'un patron-moteur hérité en commun. Chez les crabes *Uca* (cf. Crane, 1957 et in Huxley, 1966), le mâle se signale par des mouvements de sa grande pince, que soulignent des modifications de structure et de coloration; mais ces mouvements sont différents d'une espèce à l'autre.

Lorsque deux populations ont été séparées, leur évolution divergente pendant la période d'isolement se marque non seulement au niveau des structures, mais aussi du préférendum écologique et du comportement. Marlier (1959) a étudié un petit poisson Cichlide, le *Tropheus mooeri*, sur le pourtour du lac Tanganyika. Les populations locales sont très semblables sur le plan morphologique, mais diffèrent les unes des autres par le patron des couleurs de la parure nuptiale. Il serait extrêmement intéressant de déterminer, par des travaux en aquarium, dans quelle mesure ces patrons colorés sont devenus des déclencheurs sociaux, jouent un rôle dans la parade, servent de mécanisme d'isolement et garantissent l'appartenance à un groupe.

Les différences existant entre espèces proches parentes sympathiques réduisent la concurrence, et celle-ci agit comme pression sélective pour accentuer les différences isolatrices. Ainsi, dans les régions d'Europe occidentale où elles cohabitent, les trois espèces de Pouillots, très semblables morphologiquement, préfèrent un type d'habitat particulier : le Pouillot siffleur habite surtout les futaies, le Pouillot véloce, les taillis sous futaies, et le Pouillot fitis, les taillis sans futaies. Mais là où une seule espèce est présente, le préférendum écologique s'élargit, car la pression sélective qui joue contre l'hybridation cesse d'opérer. Le chant des oiseaux, utilisé comme signal territorial à l'adresse des mâles rivaux ou des femelles, est très spécifique et souvent nettement différent entre espèces proches parentes, bien que ces chants soient des ritualisations obtenues à partir de cris, c'est-à-dire de contractions musculaires du syrinx, au départ très semblables. Mais là où une seulement de ces espèces est présente, les différences s'estompent, et le chant devient moins spécifique, faute de pression sélective pour garantir cette spécificité. C'est le cas du Pouillot véloce là où le Pouillot fitis est absent (Thielcke, in Huxley, 1966), et celui aussi du Pipit des prés en Islande, où le Pipit des arbres manque (cf. Huxley, 1951). Dans le même ordre d'idée, on a constaté que le dimorphisme sexuel est très accusé lorsque plusieurs espèces de canards proches parentes vivent en sympathie dans leurs quartiers d'hiver. C'est là en effet qu'au cours des jeux d'ensemble, les femelles choisissent leur compagnon de l'année à venir parmi les mâles en parure et en parade. Par contre, dans les zones d'allopatrie où on ne rencontre qu'une seule espèce, par exemple sur des îles océaniques où il n'y a pas de danger de confusion entre espèces dans le choix d'un partenaire, le dimorphisme s'estompe, et le mâle tend à acquérir un plumage aussi terne que la femelle; son comportement sexuel lui-même tend à être moins élaboré (cf. Johnsgard, 1965).

L'absence de pressions sélectives réduit donc la spécificité des déclencheurs sociaux qui agissent comme facteurs de séparation. Inversement, une expérience sur les Drosophiles (citée par Tinbergen, 1966) montre comment une pression sélective peut favoriser une séparation par le biais du comportement. Dans un élevage mixte, deux variétés se croisent normalement sans difficulté; chacune marque seulement une légère préférence pour sa propre variété. On élimine tous les hybrides et on ne conserve que les deux lignées pures. Les descendants purs des deux lots sont de nouveau mélangés et leurs hybrides sont éliminés. On procède de la sorte pendant quarante générations successives, s'étalant sur trois ans. A la quarante-et-unième génération, les mâles préfèrent nettement les femelles de leur propre variété, et quand elles sont courtisées par un mâle de l'autre variété, les femelles n'y répondent quasiment plus. La sélection artificielle a donc joué sur la variabilité de départ, pour favoriser la préférence pour sa propre variété. Elle a agi en faveur de l'isolement des deux lots. Cette expérience nous permet de concevoir comment la sélection naturelle favorise et garantit la séparation et la spéciation en agissant au niveau d'une variabilité comportementale.

CHAPITRE V

LE DEVELOPPEMENT
DU COMPORTEMENT

Instinct et apprentissage

Nous avons vu au chapitre précédent que les animaux héritent de structures comportementales. Celles-ci sont ajustées au milieu et au mode de vie propres à l'espèce. L'ajustement est réalisé progressivement, de génération en génération, par le jeu des pressions qui sélectionnent, parmi les individus, ceux dont l'équipement comportemental est le mieux adapté à l'environnement. Cette adaptation au niveau de l'espèce se marque par une évolution des comportements au cours de l'histoire de l'espèce. Il existe d'autre part un processus d'adaptation qui se marque au niveau de l'individu et se traduit par des changements au cours de l'histoire de l'individu lui-même. Celui-ci, en effet, peut compliquer et modifier son comportement en fonction de circonstances particulières, et tenir compte ultérieurement de l'expérience acquise.

L'animal peut donc être adapté au milieu en recevant d'emblée un équipement comportemental adéquat. Il peut aussi être adapté au milieu en organisant progressivement son comportement en fonction des conditions qu'il rencontre. L'importance relative des deux processus varie selon les conduites et selon les espèces envisagées. Il est clair qu'un arthropode, dont la durée normale de vie est limitée parfois à quelques semaines, qui ne connaît pas ses parents, et grandit sans ambiance familiale, doit posséder un équipement prêt à fonctionner immédiatement de manière adéquate. C'est moins nécessaire, par contre, pour des animaux élevés au sein d'un groupe familial, dont le développement est plus lent et la moyenne de vie plus longue; ils ont l'occasion d'ajuster et de perfectionner leur comportement au cours de leur éducation et de leur maturation.

On peut tenir pour une règle générale que, à des degrés divers, le comportement final d'un individu est le résultat d'une complémentarité entre des conduites héritées, fixées au même titre que des attributs physiques, et des conduites apprises, adaptées aux circonstances. Cette complémentarité est bien illustrée par la complication progressive du comportement chez le poussin de Mouette rieuse (cf. Tinbergen, 1966) :

Le poussin commence par casser sa coquille grâce à l'onglet qu'il possède à l'extrémité de la mandibule supérieure; c'est une action extrêmement importante qu'il ne réalise qu'une fois dans sa vie, et qu'il exécute d'emblée de façon adéquate. Très vite, avant même d'être sec, il donne des coups de bec sur le bec de l'adulte (*pecking response*); il commence à prendre et à avaler de la nourriture; au cours du premier jour, il se tient sur ses pattes, fait ses premiers pas, met de l'ordre dans son plumage. Si l'adulte lance un cri d'alarme, il se tapit. Plus tard, à 2-3 jours, il réagit à ce même cri en se sauvant avant de

s'accroupir. Plus tard, il se sauve, se cache, et s'accroupit.
Plus tard encore, il se sauve, se cache à un endroit choisi et
connu, et s'accroupit... A une semaine, le poussin fait ses
premiers mouvements de vol. A deux semaines, il appelle ses
compagnons. A trois semaines, il se nourrit indépendamment;
il donne d'abord des coups de bec à différents objets; plus
tard, il s'adresse sélectivement à ce qui est mangeable. A
cinq semaines, il fait ses premiers exercices de vol; il se pose
maladroitement et culbute à l'atterrissage; mais il apprend
bientôt à se poser face au vent. Il se dirige pour boire vers
toute surface brillante; puis il apprend à reconnaître la surface
de l'eau. Il commence par faire au sol tous les mouvements
de la baignade, puis apprend à les exécuter dans l'eau.

Certains mouvements sont parfaits tout de suite; d'autres
le sont progressivement. Certains sont exécutés d'emblée à
bon escient; d'autres sont d'abord apparemment sans objet,
puis s'adaptent aux circonstances, s'ajustent aux situations.

Pendant des générations, des chercheurs se sont disputés
pour déterminer ce qui, dans un comportement, était inné
ou acquis (cf. Lehrman, 1953, Lorenz, 1965). En fait, la
distinction est parfois malaisée, et des confusions ont pu
naître, que l'on ne peut éviter qu'en étudiant le développement des comportements chez un animal à partir de sa naissance, tant dans des conditions naturelles que dans des
conditions expérimentales. En effet, ce n'est pas parce
qu'un comportement est stéréotypé et identique chez
différents individus qu'on peut le qualifier d'inné; car il
est normal que des individus de même espèce, placés dans
des circonstances identiques, et c'est le plus souvent le cas
dans un milieu identique, aient tendance à apprendre la
même chose et à l'exprimer de la même façon. Inversement,
ce n'est pas parce qu'un comportement n'est pas exécuté
d'emblée dans sa forme parfaite et définitive, que ce comportement n'est pas inné. Cette dispute est en réalité assez

théorique et académique, car la complémentarité entre l'Inné et l'Acquis est continue et dynamique.

Le comportement hérité est mis en place progressivement. Certaines réponses se traduisent très tôt dans la vie, comme la réaction de fuite aux prédateurs et les mouvements de confort et de soins corporels. D'autres apparaissent seulement beaucoup plus tard, quand le sujet devient adulte; ce sont, notamment, tous les comportements liés à la reproduction, comme par exemple, le combat territorial chez un vertébré. Cette mise en place se combine à l'apparition des processus d'apprentissage et même, certaines manifestations apprises apparaissent avant que ne soit achevée la maturation complète du comportement inné. De plus, il n'y a pas seulement développement parallèle des processus d'apprentissage et du comportement inné : il y a entre les deux une étroite interdépendance. Les gènes n'expriment que des potentialités, et celles-ci s'expriment en fonction des conditions du milieu. Mais inversement, ce qu'un animal peut apprendre est limité par ses informations génétiques; il est prédéterminé par l'équipement inné. Les animaux héritent en fait de prédispositions à apprendre certaines choses à certains moments.

Ainsi, le comportement final d'un animal est fonction, à la fois et d'une manière indissociable, des informations génétiques et des informations du milieu. Et le développement de ce comportement, tant en ce qui concerne l'inné que l'acquis, est fonction, d'abord, de l'évolution et de la mise en place de la machinerie sous-jacente : architecture squelettique, musculaire, nerveuse; mécanismes physiologiques; acquisition et affinement des perceptions sensorielles, etc. Et c'est d'abord sous cet angle de la complication des structures que nous devons envisager le développement du comportement chez l'individu.

Mise en place et maturation du comportement

Un embryon est capable de mouvements de plus en plus perfectionnés au fur et à mesure que se compliquent ses structures. Un têtard d'Amphibien manifeste des mouvements de nage alors qu'il se trouve toujours dans la gangue gélatineuse de l'œuf. Il perfectionne ces mouvements de jour en jour, pendant sa vie embryonnaire, puis pendant sa vie libre, larvaire. Carmichael a montré que ce perfectionnement n'était pas le résultat de l'exercice. Il a placé un lot d'œufs sous légère anesthésie, de telle sorte que les mouvements de nage soient empêchés, sans pour autant que soient arrêtés le développement et la complication des structures. Lorsque les embryons sont placés dans de l'eau fraîche, ils manifestent d'emblée des mouvements de nage à un degré de perfection identique à celui des embryons témoins de même âge non anesthésiés. Il n'y a donc pas eu apprentissage des mouvements de nage, mais l'embryon exécute sous une forme parfaite les mouvements que permettent, à ce moment, le développement et les connexions de l'architecture neuro-musculaire.

Chez un embryon de Batracien Urodèle, les segments musculaires se développent, et les connexions neuro-musculaires s'établissent progressivement de la tête vers la queue. Si on applique un stimulus défavorable, par exemple, à droite de la tête d'un jeune embryon, le premier mouvement est un écart de la tête vers le côté opposé, par contraction réflexe des premiers somites du côté gauche. Avec l'âge, le nombre de somites qui se contractent augmente vers la queue de l'animal, et l'onde de contraction se propageant d'avant vers l'arrière, le tronc de l'animal s'incurve et forme une boucle complète. Plus tard encore, les connexions s'établissent entre les voies sensibles et motrices d'un même côté. L'application du stimulus à droite provoque d'abord les contractions des somites du côté gauche; la boucle commence à se former à l'avant, mais alors que l'onde de contraction atteint la queue, des contractions apparaissent à l'avant du côté droit. L'animal ne forme donc plus la boucle, mais se courbe en S. Sa réponse d'évitement prend la forme d'un mouvement de nage ondulatoire. L'apparition de ce mouvement de nage n'est donc pas liée à un apprentissage. Elle est liée à la mise en place, avec l'âge, de structures musculaires et nerveuses. Il y a différents autres moyens de prouver que l'apprentissage et l'exercice ne sont pas responsables du développement de ces comportements. Ainsi, si toute la moelle épinière du têtard est privée de ses nerfs afférents, et si, par conséquent, on l'empêche de recevoir des informations sensorielles sur ses mouvements, les coordinations motrices apparaissent quand même. De même, on peut empêcher un animal de faire des mouvements d'apprentissage en l'emprisonnant dans un tube; lorsqu'il est libéré, il peut faire exactement des mouvements du même degré de complexité que les témoins non enfermés. Cette dernière expérience correspond à la situation que connaissent normalement des oiseaux cavernicoles élevés dans d'étroites cavités : ainsi, après avoir passé quelques semaines à l'étroit dans une fissure de rocher ou dans une corniche, les jeunes Martinets noirs doivent, sans aucun exercice préparatoire, s'élancer dans le vide et prendre leur envol; de même, de nombreux jeunes oiseaux élevés sur d'étroits surplombs de falaises doivent, sans exercice préparatoire, plonger dans la mer.

Weiss a interchangé chez une salamandre, avant que les connexions neuro-musculaires ne soient établies, les muscles antagonistes d'une même patte, ou les ébauches des membres antérieurs gauche et droit. Lorsque les connexions sont établies, le muscle, ou l'ébauche, se meuvent exactement comme ils l'auraient fait dans la position d'origine, sans s'adapter à la position nouvelle. Dans le second cas, du fait du transplant, et l'axe antéro-postérieur de l'ébauche de patte étant prédéterminé, l'ébauche transplantée était tournée vers l'arrière et non vers l'avant. Il en résultait que lorsqu'on appliquait un stimulus défavorable au museau de l'animal, il effectuait, pour l'éviter, une translation vers l'avant. Pendant un an, il s'est révélé incapable de s'adapter à cette situation. Aucun apprentissage n'a donc eu prise pour modifier ce comportement soumis aux dispositions de l'architecture neuro-musculaire.

On peut, chez une grenouille, greffer sur le dos une portion de peau claire du ventre, et inversement, implanter sur le ventre un morceau de peau sombre du dos. Chacun de ces greffons se développe normalement, c'est-à-dire que, malgré les localisations inversées, ils conservent la structure et la coloration propres aux régions d'origine. Lorsque les connexions neuro-cutanées sont établies, on détermine la grenouille à se gratter le dos en excitant le greffon implanté sur le ventre, et inversement, on la détermine à se gratter le ventre en excitant la portion de peau de ventre greffée sur le dos. La peau de ventre, greffée sur le dos, donne donc l'information « gratter le ventre ». Elle donne une information quant à sa nature, et non quant à sa localisation, et jamais, la grenouille de cette expérience, pas plus que la salamandre dans la précédente, n'apprennent à changer.

Il y a donc évidence de l'existence d'une programmation préétablie, qui fait que, une fois que les connexions sont établies, les mouvements se produisent dans une forme et un sens prédéterminés. Ceux-ci sont aberrants dans les conditions de l'expérience, mais l'habitude et l'apprentissage n'y pourront rien changer. Il faut donc se garder d'exagérer l'importance et l'influence des apprentissages et de l'exercice dans la maturation du comportement. La plupart des conduites sont extrêmement résistantes aux modifications. Même chez l'Homme, les adaptations, rééducations et réajustements sont rares et très lents. Je citerai encore un exemple, que chacun peut aisément vérifier, et montrant que certains comportements ne prêtent aucune prise à l'apprentissage. A la station biologique du Zwin, ainsi que dans de nombreux parcs et jardins zoologiques, les pièces d'eau sont animées par de nombreuses espèces de canards et sarcelles vivant en semi-liberté. Certaines sont entièrement sauvages et sont attirées sur les pièces d'eau par des sujets, sauvages à l'origine, mais que l'on a éjointés : l'opération consiste à couper, sur une aile, l'extrémité de l'os porteur des rémiges primaires; l'oiseau ne peut désormais plus voler, il peut tout au plus s'élever de quelques centimères avant de retomber sur l'eau. Ces oiseaux, éjointés ou non, peuvent s'habituer au passage des visiteurs; leur distance de fuite diminue. Mais lorsqu'ils sont inquiétés par un intrus inaccoutumé — un chien ou un visiteur franchissant un enclos — ils exécutent des mouvements d'incitation à l'envol. Du moment qu'un certain degré d'inquiétude est atteint, et que le mouvement d'incitation à l'envol atteint une certaine intensité, les oiseaux prennent leur essor; les témoins sauvages s'envolent, mais les éjointés, déséquilibrés, pivotent et culbutent immédiatement dans l'eau, et retombent même fréquemment sur le ciment bordant les bassins. Malgré ces punitions répétées, ils n'apprennent jamais à ne plus s'élancer.

Les comportements hérités trouvent donc à s'exprimer au fur et à mesure de la mise en place des structures. L'ontogenèse du comportement suit et est partie de l'embryogenèse et de l'organogenèse. De même qu'il y a un calendrier d'apparition des comportements immédiatmenet dépendant des structures, il y aussi un calendrier d'apparition des comportements d'un ordre plus élevé que les mouvements de locomotion. Les parties composant un comportement complexe viennent souvent à maturité indépendamment, et elles se combinent plus tard en séquences d'un ordre plus élevé, en séquences fonctionnelles, significatives, dirigées.

La jeune Cigogne nidicole, encore nue, exécute à 2-3 jours le mouvement de rejet de la tête sur le dos; ce n'est que bien plus tard que ce patron-moteur hérité est intégré dans une séquence. La jeune mouette exécute, d'abord indépendamment les uns des autres, les mouvements d'extension de l'aile et de la patte; plus tard, elle les combine en mouvements de nettoyage de l'aile. Le Cormoran adulte complète son nid en insérant dans la paroi une brindille qu'il assujettit par un mouvement de tremblement du corps; ce mouvement apparaît précocement chez le jeune, sans raison ni objet, et n'est intégré que plus tard dans son contexte objectif.

Ainsi, dans l'ontogenèse, les unités de comportement de niveau inférieur, du niveau de l'acte d'exécution, apparaissent les premiers, et les comportements plus généralisés ou les séquences organisées apparaissent ensuite. Les actes d'exécution apparaissent plus tôt, sans objet, sans raison, et indépendamment les uns des autres. Ils se combinent plus tard, entre eux et avec les actions de préparation, en séquences dirigées et fonctionnelles.

Le comportement ne devient complet que chez l'adulte, avec l'apparition de la sexualité et de la reproduction. Celles-ci sont liées à la mise en place de mécanismes physiologiques de nature hormonale. L'expérimentateur peut en effet les induire précocement en injectant les hormones convenables en doses appropriées. C'est donc une phase ultime de la maturation du comportement inné. Dès lors, le comportement continue chez l'adulte à subir des variations saisonnières — migration, reproduction, etc. — selon un rythme réglé, à la fois, mais à des degrés divers selon les espèces, par des facteurs génétiquement fixés et par des facteurs du milieu. Enfin, à chaque maturation sexuelle saisonnière, l'ordre d'apparition et la complication des comportements est le résultat de la combinaison subtile de facteurs internes et de facteurs de l'environnement (cf. chapitre 3).

Interactions entre patrons-moteurs hérités et apprentissage

La machinerie, le substrat organique — musculature, voies nerveuses, systèmes hormonaux — étant en place, il ne manque pas d'exemples montrant que des comportements, dans leur forme finale, tels que nous les voyons, sont le résultat d'interactions entre des éléments hérités et un processus d'apprentissage. Il en est de très simples et évidents. Ainsi, pour ouvrir une noisette, l'Écureuil utilise trois séquences héritées : manipuler, grignoter, ouvrir. Le jeune sait d'emblée faire les trois opérations, mais il doit apprendre à les combiner convenablement. Ce n'est qu'à la longue qu'il manipule la noisette de telle sorte qu'il la grignote en un point de plus faible résistance qui détermine une cassure nette et rapide de la coque. Les débris de noisettes attaquées par les jeunes témoignent des tentatives ardues réalisées au début. Il en est de très complexes aussi, par exemple le chant de certains petits Passereaux : Rossignol, Alouette, Pinson, Hippolaïs contrefaisant. Chez ces oiseaux, le chant est composé de motifs hérités, communs à tous les individus, et d'éléments appris par imitation, empruntés à l'espèce ou à d'autres. Ainsi, le chant de la Rousserolle verderolle, ou des Pies-grièches, est un véritable pot-pourri où on retrouve des motifs typiques de toutes les espèces fréquentant le même habitat. Cette complémentarité est bien connue, d'une manière empirique, des oiseleurs du pays de Liège : traditionnellement, les jeunes issus d'élevage en captivité, et notamment les hybrides de Canaris et de Chardonnerets, que l'on destine au rôle d'appelants ou d'oiseaux de concours, sont mis au contact d'un « professeur », qui est un sujet sélectionné pour la beauté de son chant.

Le chant de ces passereaux est donc un matériel de choix pour l'étude du développement d'un comportement. Un chant, en effet, est une séquence type de contractions musculaires se traduisant en sons. Ceux-ci aujourd'hui, peuvent être enregistrés très fidèlement, et être retranscrits au sonographe. On obtient ainsi des représentations graphiques des contractions du syrinx. Ces transcriptions peuvent être comparées chez différents individus, chez des sujets élevés dans l'isolement ou sous d'autres conditions. Il devient ainsi possible de séparer, avec beaucoup d'exactitude et de sûreté, les patrons hérités des patrons appris. Il est assez paradoxal que ce soit là le type de patron-moteur qui se prête le mieux aujourd'hui à une analyse rigoureuse. Jusqu'à il y a une dizaine d'années, le chant des oiseaux, même s'il avait été l'objet d'une abondante littérature spécialisée, était un des aspects du comportement animal qui se prêtait le moins à une étude objective et à l'expérimentation. On était réduit, en effet, à imaginer différents modes d'annotation musicale très ingénieux, mais plus ou moins incomplets et toujours subjectifs. Les progrès récents de l'électronique ont permis déjà à ce niveau, la réalisation de travaux remarquables.

Marler et Tamura (1964) ont découvert différents dialectes régionaux chez le Moineau à tête blanche américain. Les jeunes originaires des différentes régions, élevés dans l'isolement, présentent un chant de base toujours identique, commun à tous. C'est un patron-moteur hérité, caractéristique de l'espèce. Les dialectes régionaux se constituent par apprentissage. Celui-ci prend place au cours des trois premiers mois de la vie du jeune oiseau, avant donc que ce jeune n'ait jamais chanté lui-même, puisque le chant n'apparaîtra qu'au printemps suivant, lorsqu'il établira un territoire de nidification. Un jeune mâle, capturé à son premier automne, soit après les trois mois où l'apprentissage est possible, et que l'on maintient ensuite dans l'isolement, chante d'emblée au printemps suivant le dialecte parfait de la région d'origine. Jusqu'à l'âge de trois mois, on peut donc apprendre n'importe quel dialecte à n'importe quel jeune, sur base du chant hérité, et en lui transmettant des enregistrements. Si le jeune est maintenu dans l'isolement pendant ses trois premiers mois, et est exposé aux enregistrements pendant son quatrième mois, l'expérience sera sans effet, cas la période d'apprentissage est terminée. Cet individu ne connaîtra donc que le chant de base hérité. Dans un cas comme dans l'autre, le résultat des expériences ne peut être jugé qu'au printemps suivant.

Konishi (1965) a poussé plus loin encore l'analyse. Il a rendu sourds des Moineaux à tête blanche d'âges différents en enlevant un osselet de l'oreille interne. Ces oiseaux ne peuvent pas plus entendre les sons qu'ils produisent que ceux de leur entourage. Si l'opération est précoce, le jeune produit au printemps suivant une succession de sons déconnectés où on ne reconnaît plus le chant de base. Le jeune doit donc s'entendre pour exprimer le chant hérité. Si l'opération est réalisée *après* que le jeune, dans sa période d'apprentissage, a entendu un chant complet et normal, mais *avant* qu'il ait lui-même jamais chanté, il sera de nouveau incapable d'exprimer autre chose qu'un chant composé de sons déconnectés. L'oiseau doit donc s'entendre pour conformer ce qu'il produit à ce dont il a hérité et à ce qu'il a appris. Si enfin, l'opération est réalisée sur un sujet dans sa deuxième année civile, après qu'il a chanté une fois au moins correctement, l'opération se révèle sans effet : le chant est phrasé et est reconnaissable; il s'agit du chant de base si le sujet a été isolé pendant la période d'apprentissage; c'est le chant complet et parfait dans le cas d'un sujet éduqué.

L'étude des chants d'oiseaux est l'exemple le plus complet qui illustre le mieux la complémentarité et les interactions subtiles entre l'héritage et l'apprentissage. Ce type d'étude doit être étendu à d'autres comportements.

On considère généralement que les différences du comportement sont un critère de repérage de l'apprentissage, tandis que l'identité d'un comportement chez différents individus, est un signe d'innéité. Certes, puisque l'apprentissage dépend de l'expérience individuelle, on peut s'attendre à ce que des sujets différents, placés dans des conditions différentes, n'apprennent pas la même chose. C'est vrai au laboratoire, mais dans la nature, des sujets de même espèce, vivant dans des conditions identiques dans un habitat identique, ont toute chance d'apprendre la même chose. Le Rossignol apprend le chant de l'espèce au contact de ses parents. S'il n'avait pas été élevé dans l'isolement ou au contact d'autres espèces, il n'eut pas été possible de se rendre compte que son chant comportait une part d'apprentissage. Pour déterminer exactement ce dont un animal hérite et ce qu'il apprend effectivement, il faut donc élever cet animal sous différentes conditions, et comparer les résultats obtenus au comportement normal. L'élevage dans l'isolement laisse apparaître le comportement hérité. Mais comme les potentialités génétiques s'expriment en fonction des conditions de milieu, on a intérêt aussi à diversifier les conditions d'élevage, de façon à déterminer quels sont les facteurs qui influencent le développement et l'expression des comportements, et dans quelle mesure : quels sont les retards, les déviations, les manquements ou modifications.

Dispositions innées à apprendre

Ce qui intéresse surtout le naturaliste, ce n'est pas tellement de savoir ce qu'un animal est capable d'apprendre, mais bien ce qu'il apprend effectivement, et de déterminer la valeur adaptative de cet apprentissage. Ce qu'un animal peut apprendre est limité par son équipement inné, mais de plus, souvent, ce qu'il apprend est prédéterminé par son héritage, et ces prédispositions peuvent être variables d'une espèce à l'autre et selon le comportement considéré. Le chant des oiseaux nous en fournit de nouveau un exemple. Le Moineau à tête blanche américain est capable d'apprendre n'importe quel dialecte régional de l'espèce, mais est incapable d'apprendre le chant d'une espèce étrangère. Le Pinson chanteur européen (cf. Thorpe, 1961) possède également des dialectes régionaux; le chant se compose d'un patron de base hérité auquel s'ajoutent des éléments appris. Ce que le Pinson est le mieux préparé à apprendre, ce sont les différentes variantes dialectales du chant de l'espèce. Il est très réfractaire à l'apprentissage du chant d'autres espèces. Le chant étranger qu'il apprend le plus facilement est celui du Pipit des arbres. Or, ce chant ressemble précisément à celui du Pinson. Ceci est l'indice d'une programmation à l'apprentissage qui fixe les limitations du Pinson. Or, des espèces voisines, le Verdier et le Bouvreuil, qui appartiennent comme le Pinson à la famille des Fringillidés, et sont dotés d'un organe vocal très similaire, sont au départ de moins bons chanteurs, mais de bien meilleurs imitateurs. Il y a donc des différences importantes, non pas nécessairement dans les capacités, mais en tout cas dans le registre des variations possibles programmé, qui est plus ou moins large selon les espèces. On ne comprend pas très bien le sens qu'il faut attribuer à ces différences. Il est par contre des prédispositions à apprendre qui sont clairement adaptatives.

Le Goéland argenté (cf. Tinbergen, 1953, Baerends, 1962) n'apprend jamais à reconnaître ses propres œufs par rapport à ceux des autres couples, pourtant parfois très différents quant à la coloration et aux taches. Il reconnaît un œuf, et lui apporte ses soins de couvaison, en fonction d'un ensemble de caractéristiques (taille, taches, contraste) variant dans certaines limites. Mais il ne sait pas apprécier ces variations. On peut sans perturber la couveuse intervertir des pontes, les remplacer par des modèles artificiels, etc. (cf. chapitre 2). Après l'éclosion, le Goéland est, pendant plusieurs jours, tout aussi incapable de reconnaître ses poussins. On peut faire des substitutions de jeunes étrangers qu'il acceptera. Mais après cinq jours de vie commune, le Goéland n'accepte plus de substitution; il reconnaît ses jeunes et les distingue de ceux des autres couples. Pourtant, à notre point de vue, ces poussins sont tous semblables, alors que les œufs des différents couples sont très reconnaissables les uns des autres. A quoi tient cette différence de comportement vis-à-vis des jeunes et des œufs ? Il est très important pour le Goéland d'apprendre rapidement à distinguer ses propres poussins, car après quelques jours, ceux-ci commencent à se déplacer et à se mêler aux jeunes voisins. Par contre, il n'y a aucun intérêt à reconnaître individuellement ses propres œufs, car il n'y a aucune chance que ceux-ci aillent se promener hors du nid. Ce qui importe, ce n'est donc pas de reconnaître les œufs, mais bien de retrouver et de reconnaître le nid : effectivement, le Goéland se pose pour couver sur son nid vide, tout à côté de ses œufs que l'on a déplacés !

D'autres espèces, dans une situation différente, ont intérêt à reconnaître leurs œufs de ceux des voisins. Ainsi, de nombreux oiseaux de mer nichent en colonies très serrées sur d'étroites corniches de falaises; les œufs sont souvent déposés, à même le roc, sans préparation d'un nid. Ils risquent de rouler et de se mêler à ceux des voisins. Il est donc important que chaque couple sache reconnaître ses propres œufs. Tschantz (1959) montre que, dans ces conditions, les Pingouins guillemots apprennent effectivement à les reconnaître; cet apprentissage est facilité sans doute par les appréciables variations du patron coloré que présentent les pontes des différentes femelles.

Les Choucas, qui nichent en colonies dans les arbres, ne montrent aucune aptitude à reconnaître ni leurs propres œufs, ni leurs propres jeunes. Or, une colonie de ces Choucas est organisée très strictement, d'une manière hiérarchique (cf. chapitre 6). Chaque oiseau occupe une position bien précise dans une échelle de dominance. Cette hiérarchie est connue des différents oiseaux par apprentissage, chaque sujet apprenant à respecter les animaux de rang supérieur qui lui donnent des coups, et apprenant à reconnaître les sujets de rang inférieur qui acceptent les coups sans les rendre... Dans cette société, les relations entre sujets sont réglées par des rapports de dominance et d'infériorité, d'agressivité et de respect, tous acquis individuellement. Lorenz, étudiant des Choucas qui vivaient en semi-liberté et nichaient dans la toiture de sa maison, a montré que lorsqu'une femelle de rang inférieur s'accouplait à un mâle dominant, elle acquérait automatiquement dans la hiérarchie le rang de ce mâle. Or, cette promotion est immédiatement connue de tous. Cette femelle qui, jusque-là, était constamment bousculée, est désormais respectée par ses partenaires sociaux. Le contraste est flagrant entre cette rapidité des Choucas à apprendre les modifications de la hiérarchie, et leur incapacité à reconnaître leurs œufs ou leurs jeunes. Ils sont doués de capacités d'apprentissage au niveau des situations susceptibles de changer.

Les Choucas, Guillemots, Goélands et Passereaux des exemples cités héritent donc de dispositions — différentes chez les différentes espèces — à apprendre certaines choses, à certains moments.

Les apprentissages

J'ai montré jusqu'à présent la complémentarité de l'inné et de l'acquis. Il n'est pas question de dresser maintenant un bilan des comportements appris chez les animaux, pas plus qu'il n'a été question, dans les chapitres précédents, de dresser l'inventaire des comportements innés. Mais il convient d'évoquer rapidement les différents modes d'apprentissages qui viennent greffer les réponses individuelles sur l'héritage spécifique. J'emprunte à Thorpe (1964), auteur d'un ouvrage de synthèse sur les apprentissages dans la série animale, la plupart des définitions ci-dessous.

Thorpe définit l'apprentissage comme un « processus de modification, d'adaptation du comportement de l'individu comme résultat de l'expérience ». La forme la plus simple est l'*habituation*. Celle-ci implique non l'acquisition de nouvelles réponses, mais plutôt la perte d'anciennes. Si un stimulus ou une situation sont répétés sans suites fâcheuses ou avantageuses, l'animal s'y habitue et les réponses initialement liées à ce stimulus disparaissent, comme c'est le cas pour la réponse de fuite des moineaux devant un épouvantail. La détection de l'habituation n'est pas exempte de confusion, car l'élimination d'une réponse peut être due à d'autres causes, comme la perte de réactivité des organes des sens à des stimuli répétés, plus simplement la fatigue musculaire, ou encore un changement de motivation. Ces différents processus doivent être éliminés avant qu'on puisse parler d'habitation.

L'apprentissage par *association* consiste à lier un stimulus ou une situation nouveaux à des stimuli connus, de telle sorte que la réponse normalement liée à ces derniers devient associée aux nouveaux stimuli. J'ai développé au premier chapitre le principe du réflexe conditionné. Celui-ci explique très simplement une foule de réactions que nous qualifions volontiers d'intelligentes, surtout chez les animaux vivant dans notre entourage. Le chien attaché à son maître est très attentif aux moindres faits et gestes de celui-ci. Il les associe entre eux et les relie à leurs conséquences. Si bien que finalement, ce que nous prenons pour une prévision, n'est qu'une réponse purement conditionnée à un signal que nous n'avons même pas conscience d'avoir donné, mais auquel le chien était attentif. Ainsi, le chien qui va se placer devant la porte de l'appartement, n'anticipe pas, mais fournit une réponse conditionnée au signal de la promenade que lui a, inconsciemment, donné son maître. Lorenz (1968) cite le cas d'un perroquet qui disait fort à propos « bonjour » et « au revoir » aux visiteurs. Le drame est que ce perroquet semblait anticiper fort impoliment, en clamant « au revoir » avant que le visiteur, du moins celui-ci le croyait-il, n'ait manifesté l'intention de partir. En réalité, le perroquet avait noté un changement de ton dans la conversation, qui annonçait que celle-ci allait prendre fin. Ce que l'on prenait pour une anticipation n'était donc qu'une réponse conditionnée à un signal précis perçu par le perroquet. Toutes les démonstrations et les exercices que l'on fait faire à des animaux comme les Dauphins dans les ménageries et jardins zoologiques sont le résultat d'un dressage utilisant le principe du réflexe conditionné.

J'ai évoqué aussi au chapitre I l'apprentissage par *essai et erreur* et le *conditionnement operant*, où l'animal exécute *spontanément* des actions, des opérations, qu'il répète en les sélectionnant selon qu'elles ont été suivies ou non d'un effet avantageux : obtenir de la nourriture, ou plus simplement et d'une manière plus générale, atteindre aux stimuli qui lui permettent de satisfaire ses besoins, éviter une punition ou une situation désagréable, etc. Ce type d'apprentissage survient donc à la suite d'une initiative de l'animal. Dans la nature, il se produit certainement très fréquemment dans les phases plastiques du comportement, surtout chez les sujets jeunes, notamment dans les phases exploratoires et à l'occasion du jeu.

L'apprentissage latent, par contre, est le résultat d'une « association de différents stimuli ou situations sans effet avantageux immédiat ». L'animal n'obtient ni récompense, ni satisfaction immédiate d'un besoin, ni réduction d'impulsion, ni évitement d'une situation désagréable ou d'une punition. Cet apprentissage se distingue donc du précédent par le fait que ce qui est appris n'est pas évident sur le moment, mais est mémorisé, stocké. Il ne vient à point à l'animal qu'ultérieurement. Il survient souvent lorsque l'animal explore son environnement sans besoin spécial. En effet, à côté de la phase exploratoire d'appétence correspondant à une motivation précise et à un instinct donné, et au cours de laquelle l'animal tend vers un but qui est la satisfaction de ses besoins, il existe aussi une phase exploratoire pour elle-même, indépendante des motivations classiques de faim, soif, rapprochement sexuel, soins maternels, etc. Pendant cette phase, l'animal satisfait certes ses besoins à explorer, mais les associations qu'il réalise à cette occasion ne lui sont pas en soi immédiatement profitables. L'épreuve du labyrinthe est un exemple qui aide à se pénétrer de ce principe. Si on place une nichée de rats à la sortie d'un labyrinthe, et si on place la mère à l'entrée, elle se précipite à travers le labyrinthe à la recherche de ses jeunes; en termes plus objectifs, on dira qu'elle cherche la situation qui lui permettra d'apaiser ses besoins maternels. Lorsque la mère a rejoint sa nichée, on la remet à l'entrée, et on mesure le gain de temps du parcours. On peut aussi placer un rat dans le labyrinthe sans qu'il soit poussé par une motivation particulière : faim, soif, besoins sexuel ou maternel. Il explore néanmoins les différents chemins, et cette connaissance des lieux lui permet un parcours d'emblée plus rapide le jour où on l'y replace après l'avoir séparé de ses jeunes, par exemple.

L'*insight learning* enfin est l'apprentissage dont on parle lorsque la solution d'un problème se présente à la suite d'une compréhension subite, par une sorte d'illumination. L'animal donne l'impression d'avoir compris la solution immédiatement, car il adapte très vite son comportement à la situation qui lui est soumise, après ce qui semble être une simple réflexion et sans avoir fait d'essai préalable; peut-être fait-il ces essais et erreurs mentalement, mais cela fait beaucoup de suppositions. Le crédit accordé à ce type d'apprentissage chez les animaux vient des expériences de Kohler (1927) chez le Chimpanzé : des bananes sont placées hors de portée du singe; on met à sa disposition des caisses qu'il peut empiler les unes sur les autres, ou des bâtons, qu'il peut emboîter les uns dans les autres, pour arriver à atteindre les bananes. Le singe comprend l'opération qu'il doit réaliser et réussit le test, mais comment exclure l'existence d'un apprentissage latent ? Il a en effet déjà eu l'occasion de jouer avec des caisses et bâtons auparavant, et il utilise donc ainsi dans l'expérience des connaissances acquises dans un autre contexte. Enfin, ce n'est pas sans essais et erreurs qu'il atteint finalement les bananes. Birch (1945) a étudié l'influence de l'expérience acquise sur la solution des problèmes par insight : de jeunes chimpanzés élevés depuis la naissance dans des conditions strictement connues, sont mis dans la situation décrite, par Kohler : 2 sur 6 seulement parviennent à atteindre en emboîtant des bâtons, la nourriture placée hors de portée; ces deux sujets sont précisément ceux qui avaient eu auparavant l'occasion de jouer avec des bâtons. On donne alors aux six sujets l'occasion de jouer avec des bâtons, puis on les soumet de nouveau au test « nourriture hors d'atteinte ». Immédiatement, tous les six emboîtent correctement les bâtons et se procurent la nourriture. Ils utilisent, dans les conditions de l'expérience, les connaissances acquises précédemment lors du jeu à l'occasion d'un apprentissage latent par essais et erreurs.

Ces tests réalisés en laboratoire sont à mettre en relation avec les observations faites en Ouganda par Goodall (in de Vore, 1965). Elle a constaté que les Chimpanzés sondent les termitières en introduisant de fines brindilles dans leurs interstices et orifices; après quelques instants d'attente, le Chimpanzé retire délicatement la brindille, et cueille avec ses lèvres les termites qui s'y sont accrochés. Non seulement, il y a ici utilisation d'un outil, mais le Chimpanzé le prépare soigneusement à partir de fragments de lianes, de tiges de graminées ou de rameaux qu'il élague, émonde, effeuille, de façon à obtenir de minces tiges, longues de 20-30 centimètres. Lorsque celles-ci sont émoussées par un usage prolongé, il en coupe l'extrémité. Lorsqu'elles sont trop raccourcies, il en choisit et prépare de nouvelles.

Les comportements de cet ordre ne sont pas l'apanage exclusif des singes. La Loutre de mer de Californie se nourrit de mollusques et de crustacés qu'elle brise en les frappant sur une pierre. Lorsqu'elle pêche sur un fond sableux, elle revient de sa plongée une pierre dans une patte, un coquillage ou un crabe dans l'autre. Nageant sur le dos en surface, elle tient la pierre contre sa poitrine et y brise les coquilles ou carapaces dures. Elle en jette les débris, avale les aliments, et replonge sous l'eau en conservant sa pierre !

Ce n'est qu'avec la plus grande prudence que l'on doit tenter d'expliquer le processus d'acquisition de ces comportements. Les tests de laboratoire sont précieux dans la mesure où ils permettent de travailler sur des animaux dont on connaît exactement le passé. Il est d'autre part de la plus haute importance de savoir que des comportements de ce niveau de complexité ont effectivement lieu dans la nature. L'idéal serait d'arriver à un degré d'intimité tel, avec des animaux observés dans leur environnement naturel, que l'expérimentateur connaîtrait exactement le passé de chacun d'entre eux.

Empreintes et imprégnations

Les éthologistes-naturalistes sont surtout connus par leurs travaux sur les comportements instinctifs. Vers les années 1930-1935, dans un monde scientifique qui avait banni ce mot de son vocabulaire et était entièrement voué au culte du conditionnement et de l'apprentissage, leur grand mérite, en effet, est d'avoir réhabilité et redéfini l'instinct. Il peut dès lors paraître assez paradoxal que ce soient ces mêmes éthologistes, que l'on a souvent qualifiés de « néo-instinctivistes », qui ont découvert la forme la plus radicale « d'apprentissage » : *l'empreinte*. Le paradoxe n'est qu'apparent car la découverte de ce phénomène est, avant tout, une question de méthode. Louis Verlaine (1937), qui professait la psychologie animale à Liège avant la guerre, et était le représentant le plus virulent de la thèse anti-instinctiviste, a magistralement raté cette découverte pour des raisons méthodologiques. Il se posa la question de savoir si les canetons, après l'éclosion, se dirigent vers l'eau « par instinct ». Il fait construire un enclos, entourant une pièce d'eau, et place sur le sol un nombre égal de canetons et de poussins; il constate que les canetons et poussins s'approchent et prennent contact avec l'eau en proportions équivalentes. Mais, pour les poussins, ce contact est désagréable car leur duvet se mouille; pour les canetons, il n'est pas désagréable, car le duvet enduit d'une sécrétion huileuse, est imperméable; ils se plaisent donc dans l'eau et y restent, tandis que les poussins s'en écartent. Les canetons dont les glandes à graisse du croupion ont été enlevées, trouvent également désagréable le contact de l'eau, et s'en tiennent à l'écart. Verlaine conclut que la prise de contact avec le milieu aquatique est le fait du hasard, et que « les conduites spécifiques en relation avec la vie aquatique sont, comme les autres conduites auxquelles on donne le nom d'instincts, des résultantes de l'expérience individuelle ».

Les éthologistes abordent le problème d'une tout autre façon, en le resituant dans un contexte logique. Ils savent que les canetons sont conduits à l'eau par leur mère. Ils savent aussi que, immédiatement après l'éclosion, le premier objet mouvant que voient ces canetons est leur mère; ils la suivent donc dès qu'ils sont capables de se tenir sur leurs petites pattes, et ils se dirigent ainsi vers la mare la plus proche, à sa suite. Toutefois, si à la naissance, ces canetons voient un autre objet mouvant que leur mère, ils le suivent pareillement. Spalding, en 1873, et Heinroth, en 1911, avaient déjà fait mention du phénomène. Ils avaient constaté que de jeunes oiseaux nidifuges — oisons, canetons, poussins — couvés par un sujet d'une autre espèce, suivent leur mère adoptive, et que, élevés en couveuse artificielle, ils sont capables de manifester un comportement filial vis-à-vis des êtres humains en présence desquels s'est réalisée l'éclosion. Lorenz, en 1935, a systématisé l'étude du problème, il en a défini les lois et en a posé les bases théoriques. Il a démontré de façon éclatante qu'il n'est pas besoin d'employer des méthodes compliquées, mais seulement des méthodes sensées, pour découvrir des concepts et des phénomènes de la plus grande importance en biologie et en psychologie. La meilleure façon de l'illustrer est encore de rappeler brièvement les premières expériences qu'il a réalisées avec des Oies cendrées.

Lorenz confie la couvaison de 20 œufs d'oies sauvages, pour moitié, à une oie blanche domestique, pour moitié, à une dinde également domestique. Lorsque approche le moment de l'éclosion, il prend à sa charge le lot initialement confié à la dinde et le place en couveuse artificielle. Son intention est de remettre finalement la totalité des oisons à l'oie domestique capable, sinon de couver 20 œufs, en tout cas de s'occuper de 20 jeunes. L'éclosion du premier oison en couveuse s'opère en présence de Lorenz qui, admiratif, assiste aux différentes phases de la sortie de l'œuf et à l'éveil de la vie de l'oison; le duvet à peine sec, celui-ci, tourné vers Lorenz, lui adresse les cris de prise de contact spécifiques de l'Oie cendrée et lui réserve ainsi sa première cérémonie de salutation. Lorenz a avoué ne pas avoir prévu les lourdes responsabilités qu'il avait ainsi assumées car, lorsque, en attendant l'éclosion des autres œufs, il place le premier oison sous le duvet de l'Oie blanche domestique, l'oison refuse obstinément d'y demeurer; il pousse des cris de détresse, se lance à la poursuite de Lorenz qui est désormais condamné à s'en occuper constamment, car l'oison le considère définitivement comme sa mère. Il en est de même pour les autres oisons nés également en présence de Lorenz. Mais ces derniers n'ont pas eu le privilège des soins exclusifs réservés au premier-né; ils sont moins individualistes, et réagissent comme un groupe cohérent, refusant notamment, sous peine de cris de détresse, de se séparer les uns des autres.

Dans une autre expérience qui a été filmée en 1950, Lorenz divise une ponte en deux lots A et B : le lot A est élevé dans des conditions tout à fait normales : les œufs sont couvés par la mère et les petits naissent en sa présence, tandis que ceux du groupe B sont élevés en couveuse artificielle et naissent loin de la femelle, mais en présence de l'expérimentateur. Or, quelques temps après l'éclosion, les oisons A se mettent à suivre leur mère, tandis que ceux du groupe B, qui ne l'ont pas vue, suivent Lorenz qui se déplace devant la couveuse artificielle; Lorenz marque alors différemment les oisons des 2 groupes et les place ensemble sous une caisse. Quand on soulève celle-ci, les petits du lot A se regroupent près de leur mère, tandis que ceux du lot B se précipitent vers leur mère adoptive, Lorenz !

L'importance de ces expériences est évidente : *les liens filiaux et familiaux s'établissent précocement*. Les jeunes héritent de dispositions innées à s'orienter et à suivre leur mère ou son substitut; ils ont une connaissance innée des cris spécifiques et de la signification des signaux sonores — cris d'inquiétude, d'alerte, de regroupement, etc. que Lorenz reproduit et imite. Mais l'objet de leur orientation, l'être auquel sont adressées et réservées ces conduites innées, est déterminé par *l'expérience précoce* suivant immédiatement l'éclosion. Depuis ces expériences de Lorenz, d'ailleurs, zoologues et psychologues n'ont cessé de s'intéresser aux effets de l'expérience précoce sur le comportement ultérieur des animaux et de l'homme. Lorenz lui-même a multiplié ce genre d'expérience avec différentes espèces d'oiseaux nidifuges, et il a pu déterminer avec beaucoup de précision les différentes caractéristiques fondamentales du phénomène (1935-1937). Celles-ci ont été testées, critiquées, vérifiées par de nombreux auteurs (cf. revues générales et discussions récentes in Sluckin, 1964 et Salzen, 1967). Je les résume brièvement ci-dessous.

— Un caneton, oison ou poussin — soit des jeunes d'oiseaux nidifuges — présente une *réaction d'orientation et de suite vis-à-vis du premier objet animé auquel il est exposé après la naissance :* il est bien évident que dans la nature, c'est la mère, qui a assuré la couvaison, qui constitue ce premier objet, tandis que dans les conditions expérimentales, elle est remplacée par un leurre ou un quelconque autre substitut maternel. Des réponses d'orientation et de suite ont pu être déterminées vis-à-vis d'objets aussi hétéroclites qu'un coussin traîné sur le sol, une balle de football, une caisse en carton, un chien... La forme importe peu; ce qui compte surtout c'est le mouvement. Les jeunes préfèrent un objet aberrant mais mobile, à un spécimen complet, mais empaillé et immobile, de leur propre espèce. Une certaine relation de taille doit être respectée : ainsi, les oisons de Lorenz était désorientés lorsqu'il se tenait sur ses jambes; ils le suivaient beaucoup mieux lorsqu'il marchait à quatre pattes; les oisons regardaient toujours Lorenz sous un certain angle : ainsi, ils restaient à plus grande distance si Lorenz était debout, s'en approchaient lorsqu'il était à 4 pattes ou pénétrait dans l'eau; enfin, lorsqu'il nageait, la tête seule émergeant, ils venaient se regrouper sur son dos, exactement comme s'il s'était agi de leur mère. Les stimuli sonores ont également de l'importance : mère et poussins correspondent d'ailleurs déjà par des petits cris dans les heures qui précèdent l'éclosion, avant même que les poussins n'apparaissent au jour. Les stimuli sonores ne sont toutefois pas indispensables : ils attirent normalement l'attention sur les stimuli visuels, et par conséquent, leur combinaison avance la réponse de suite de quelques heures. Chez les Colverts dont le nid est placé sur le sol, les canetons peuvent aller et venir près du nid, et ils ont une bonne vue d'ensemble de leur mère; les stimuli visuels ont donc beaucoup d'importance; chez les Colverts dont le nid est installé dans un tronc d'arbre ou sur le sommet d'un saule étêté, les jeunes sont plus à l'étroit, restent continuellement sous leur mère et en ont une moins bonne vision; les stimuli sonores ont alors beaucoup d'importance. Et ces jeunes qui ont eu moins de stimuli visuels sont d'ailleurs plus âgés lorsqu'ils effectuent leur première sortie hors du nid à la suite de leur mère.

— La réponse d'orientation et de suite le lien familial qui en découle, ne peuvent s'établir que pendant une brève période proche de la naissance, et que Lorenz a appelée la *période sensible ou période critique*. L'étalement et la localisation de cette période peuvent varier selon les espèces. Elle est plus précoce chez la Poule d'eau que chez les Foulques, espèce fort voisine. C'est très naturel car la tendance à sauter hors du nid est beaucoup plus précoce chez la Poule d'eau que chez les Foulques (Hinde, Thorpe, Vince, 1956). Il est impérieux en effet que l'attachement familial s'effectue avant le saut hors du nid. Chez le canard Colvert, elle se situe dans les trente premières heures après l'éclosion, entre les 5e et 22e heures plus précisément, avec un maximum de sensibilité entre la 13e et la 16e heures (Hess, 1958). *Dans les limites de cette période sensible, quelques minutes suffisent à fixer les réponses sur les stimuli exposés en premier*, et à établir le lien familial. Si au début le jeune naïf est disposé à s'orienter vers n'importe quel stimulus, il présente au bout d'un certain temps des réactions de peur, évite et fuit les stimuli nouveaux. Les auteurs s'accordent à lier l'apparition de la peur à l'extinction de la période sensible, mais la discussion est ouverte sur la question de savoir si c'est l'achèvement spontané de cette période sensible avec l'âge qui met un terme à la disponibilité du jeune; si inversement, c'est l'apparition spontanée des réactions de crainte qui bloque la période sensible; ou si encore, l'apparition de la peur est au contraire un signe que la fixation est accomplie et a déjà été réalisée d'une manière exclusive sur un stimulus donné.

— Enfin, *les effets de ce phénomène sont durables et irréversibles*; l'animal conserve toute sa vie l'*empreinte* de l'être ou de l'objet auquel il a été exposé en premier, et réserve aux êtres ou aux objets de cette classe toutes ses conduites sociales spécifiques ultérieures, qui restent toutefois inchangées quant à leur forme.

Lorenz a baptisé ce phénomène *Prägung*, ce qu'il a lui-même (1937) traduit en anglais par *Imprinting*. Le terme français *Imprégnation*, malheureusement maintenant d'un usage courant, ne rend pas bien compte de cette impression profonde et immédiate du phénomène. Il faut lui préférer le terme *Empreinte*.

C'est seulement à partir de 1950 que ces travaux de Lorenz ont commencé à être connus en dehors des pays de langue allemande. L'immense intérêt qu'a alors soulevé leur diffusion a provoqué la floraison d'une foule d'écrits et de recherches expérimentales. Celles-ci, pour la plupart des critiques de fond, visaient à vérifier la validité des caractéristiques attribuées par Lorenz à l'*Empreinte*. Or, très souvent, les conditions mêmes dans lesquelles elles ont été réalisées, n'autorisent pas des critiques quant au fond, car elles s'écartent beaucoup trop du phénomène étudié par Lorenz.

Tels étudient la réaction d'orientation et de suite chez des Canards domestiques provenant d'un élevage commercial; alors que Lorenz a insisté sur la précocité de la fixation, et sur la limitation de la durée d'exposition nécessaire, ils utilisent des canetons dont ils ne connaissent pas l'âge d'une manière plus précise qu'en termes de « 32 à 55 heures », canetons qui, de toute façon, sont trop âgés pour être encore imprégnables, la période sensible étant depuis longtemps achevée. Leur conclusion relative à la période critique et à la réversibilité de l'empreinte ne peut être retenue, puisque la réaction de suite au niveau de laquelle ils travaillent, n'est en aucun cas le résultat d'une empreinte, mais bien d'un apprentissage classique.

Tel s'étonne de ne plus observer de réponse de suite au-delà d'un certain âge et s'insurge contre le caractère d'irréversibilité attribué à l'empreinte. En fait, la réponse de suite qui atteste de l'attachement filial réalisé par l'empreinte est une réponse propre à la période juvénile, et qui n'a plus aucun sens, ni aucune raison d'être dès le moment où le jeune s'est émancipé de sa mère. Lorsque le canard soumis aux expériences atteint l'âge correspondant à cette émancipation, il est tout à fait normal que sa réponse de suite s'éteigne progressivement.

Tel autre encore confond empreinte et réponse de suite; il croit travailler au niveau du phénomène, alors qu'il n'a accès qu'à une de ses conséquences, et qui confond le phénomène de fixation lui-même avec une de ses manifestations : la réaction de suite.

On a, d'autre part, beaucoup abusé des termes empreinte et imprégnation, en psychologie notamment. Il convient en effet de rappeler qu'à l'heure actuelle, on n'a pu prouver expérimentalement l'existence de l'empreinte, telle qu'elle est définie et caractérisée par Lorenz, que chez un petit nombre d'espèces : les oiseaux nidifuges comme les Anatidés, Gallinacés, Rallidés, et certains Mammifères, comme les Ongulés; chez les Oiseaux nidicoles et chez les Singes, animaux qui sont beaucoup plus dépendants de leurs parents au cours de leur premier âge, l'empreinte existe aussi, mais serait plus tardive et plus étalée (cf. Thorpe, 1964, Sluckin, 1964, Salzen, 1967); c'est plutôt dans ce cas qu'il faudrait parler *d'imprégnation*. Chez les Poissons, la plupart des espèces ne s'occupent guère de leur progéniture. Il existe pourtant quelques cas, les *Cichlides* par exemple, où parents et jeunes forment un groupe familial uni. Ces Cichlides se répartissent en deux grands type d'organisation familiale. D'une part, les *pondeurs sur substrat*, chez qui mâle et femelle forment un groupe familial stable (famille biparentale); les deux conjoints participent à la défense du territoire, dans les limites duquel est creusé le nid; les œufs sont pondus et collés au sol; les parents assurent en alternance leur ventilation, et après l'éclosion, le regroupement des alevins à vésicule vitelline non résorbée; enfin, quand ceux-ci savent nager, les conjoints continuent à les protéger et à les regrouper dans le territoire, pendant une période pouvant couvrir plusieurs semaines. D'autre part, les *incubateurs buccaux,* chez qui c'est la femelle qui, le plus souvent, assure seule les soins à la progéniture (famille maternelle); sa rencontre avec le mâle est brève; immédiatement après la fécondation d'un petit lot d'œufs, elle quitte la frayère en emportant les œufs en bouche; l'incubation buccale dure jusqu'au moment où les jeunes, ayant résorbé complètement leur vésicule vitelline, sont capables de nager; elle les recrache alors, et l'ensemble des alevins forme un nuage compact qui suit ses moindres mouvements et déplacements; la cohésion familiale subsiste pendant deux semaines environ, la femelle reprenant encore occasionnellement les alevins en bouche en cas de danger.

On a voulu savoir si, dans l'établissement du lien familial, il existe entre ces deux types parentaux une différence de degré analogue à celle qui existe entre les oiseaux nidicoles et les oiseaux nidifuges. A cet effet, on a présenté à des jeunes élevés dans l'isolement depuis l'œuf, des leurres mobiles représentant différents substituants parentaux. On a ainsi établi que les jeunes incubateurs buccaux possèdent une disposition innée à s'orienter et à suivre un quelconque substitut maternel animé d'un mouvement, dès la première exposition, et pour autant que celle-ci soit réalisée dans les limites d'une période sensible. Chez les alevins de pondeurs sur substrat, la cohésion familiale résulte davantage des mouvements signaux de rassemblement qu'exécutent les parents plutôt que d'une disposition innée à suivre le premier objet mobile rencontré. Ils peuvent apprendre à suivre un leurre, mais seulement après des expositions durables et répétées. Il y a donc un parallélisme, dans le processus d'établissement du lien familial, entre les Cichlides du type familial biparental et les Oiseaux nidicoles, et d'autre part, entre les Cichlides incubateurs buccaux, les Ongulés et les Oiseaux nidifuges, et cela, en raison des nécessités vitales analogues. Chez les premiers, il y a installation progressive du lien, tandis que chez les seconds, il se fixe immédiatement, dès la première prise de contact, de telle sorte que les jeunes sont capables de suivre précocement la mère dans ses pérégrinations (cf. Destexhe-Gomez et Ruwet, 1967).

Les recherches évoquées jusqu'ici avaient trait à la réponse d'orientation et de suite, qui se manifestent en premier chez les jeunes, et sont les plus accessibles à l'expérimentation. Mais dès le début, Lorenz avait précisé que c'est l'ensemble des réponses sociales et sexuelles de l'animal qui sont fixées sur l'être ou l'objet dont il a reçu l'empreinte. Ainsi, lorsqu'il devint adulte, le Choucas que Lorenz avait élevé à la main, a reporté sur lui toutes ses conduites sexuelles. Or, lorsqu'un Choucas courtise une femelle, il lui fait présent de vers qu'ils lui pousse dans le bec. Lorenz, choisi comme fiancée, devait obstinément garder la bouche fermée et les narines pincées, pendant que le Choucas tentait de lui enfoncer des vers dans le conduit de l'oreille. Lorenz a cité d'autres exemples d'animaux qui avaient fixé toutes leurs conduites sexuelles sur des objets aberrants, ou sur des espèces extrêmement éloignées de la leur : une Perruche, élevée avec une balle de ping-pong, choisit celle-ci comme partenaire sexuel, et la caressait comme s'il s'était agi de la tête d'une autre Perruche; un Paon, élevé pendant la guerre dans le pavillon chauffé des Tortues, au zoo de Vienne, tentait, devenu adulte, de s'accoupler à une de ces tortues géantes !

Le caractère irréversible de l'empreinte sexuelle est ici nettement établi. Lorenz a élevé des Oies à qui il a tenu lieu de mère puis de compagnon. Ces Oies (lot A) ont ensuite été mises en contact avec des sujets de même espèce non imprégnés sur Lorenz (lot B). Après plusieurs années, lorsque le choix leur était offert entre Lorenz et les sujets du lot B, les Oies A continuaient à réserver leurs conduites sociales au premier. Schein (1958) l'a confirmé pour des Dindes qui, 5 ans après l'exposition à l'Homme, et sans renforcement intermédiaire, continuent à le préférer à des Dindes non imprégnées. Des cas fortuits, mais non moins démonstratifs, se sont produits dans les collection ornithologiques de la station biologique du Zwin. En 1965, des pluies trop abondantes ont provoqué l'abandon d'un nid de Cigognes : les jeunes nouveau-nés périrent de faim et de froid; un seul rescapé fut confié au chef-garde qui en assura l'élevage et fut successivement considéré comme une mère, une sœur, et enfin une compagne. Au cours des années ultérieures en effet, le Cigogneau devenu grand, réservait au garde ses conduites sociales et cérémonies de salutation; perché sur le toit de son habitation, il rejetait la tête en arrière et claquait du bec à chacune de ses apparitions; et il ignorait complètement les autres Cigognes comme représentantes de sa propre espèce. Un canard plongeur Nyroca rejoignit tout jeune les collections où il fut mis en compagnie des Sarcelles d'hiver. Aujourd'hui, ce Nyroca se mêle à leurs jeux d'ensemble, et au comble de l'excitation, il exhibe ses parades de Nyroca, tandis qu'elles multiplient de leur côté leurs balançoires, secouements introductifs, jets d'eau et mouvements de haut et court (cf. p. 119). Il exécute donc ses patrons-moteurs hérités de Nyroca devant des Sarcelles pour qui ces mouvements n'ont aucune signification. De même, un jeune Eider « à duvet » mâle fut placé dans un bassin qu'occupaient des canes Colvert. Adulte, il a reporté sur ces canes Colvert toutes ses conduites sexuelles, et leur est resté fidèle même après l'introduction dans le bassin de plusieurs femelles d'Eider. Comme le Nyroca, il avait donc reçu pendant son tout jeune âge l'empreinte indélébile d'une espèce étrangère.

Schutz (1965) puis Delannoy (1967) ont bien étudié les effets de l'empreinte sexuelle chez les canards : un sujet de l'espèce A, élevé en compagnie de jeunes de l'espèce B, cherchera, une fois adulte, à s'apparier aux individus de l'espèce B. L'Empreinte déterminant la réponse d'orientation et de suite, et celle déterminant la fixation des conduites sexuelles, sont normalement confondues et prennent place peu après la naissance; toutefois, la période sensible pour la fixation sexuelle dépasse très largement la période sensible pour la réaction de suite. Si des jeunes sont élevés en groupe, mais à l'écart des parents, ils reçoivent chacun l'empreinte des compagnons d'élevage, qu'ils appartiennent ou non à la même espèce. S'ils sont élevés isolément par leur parent, ou son substitut, c'est sur celui-ci que se fixent leurs réponses; si le parent est femelle, ils forment plus tard des couples normaux; si le parent est un mâle, ils forment plus tard des liens homosexuels. Schutz a encore trouvé que chez les Canards, les mâles seulement reçoivent l'empreinte sexuelle. Les femelles ont une connaissance innée du patron coloré du plumage des mâles, que l'expérience ne peut modifier. Mais comme les femelles de ces différentes espèces de canards sont très semblables entre elles, on conçoit qu'il soit malaisé pour le mâle de développer une connaissance innée aussi précise des caractéristiques femelles spécifiques, et celle-ci doit donc être acquise. D'ailleurs, chez la Sarcelle du Chili, où les deux sexes sont identiques, et ont un plumage terne et cryptique, la femelle reçoit également l'empreinte du compagnon d'élevage et du parent, et celle-ci détermine la fixation des conduites sexuelles sur l'espèce ou sur celle du substituant. Cela n'explique toutefois pas pourquoi les Oies, chez qui il n'y a pas de dimorphisme et où le plumage est terne chez les deux sexes, ne montrent pas d'imprégnation sexuelle dans aucun des deux sexes. Ni pourquoi, inversement, le mâle Tadorne peut s'imprégner sexuellement sur les canes des autres espèces, alors que sa propre femelle est brillamment colorée.

Comme on peut s'en rendre compte, il faut être extrêmement prudent avant de généraliser l'existence du phénomène. Mais là où elle est présente, l'empreinte se surimpose donc à l'instinct, en orientant vers un objet déterminé les réponses héritées de l'animal. Les patrons-moteurs des comportements filiaux, sociaux, et sexuels sont donc hérités mais les stimuli propres à les déclencher sont acquis et fixés pendant les périodes critiques, au cours desquelles s'opère la sensibilisation des mécanismes innés de déclenchement.

Sur un plan théorique, le phénomène de l'empreinte est un des plus beaux exemples *de la complémentarité entre l'Inné et l'Acquis.* Ses implications pratiques ne peuvent, d'une part, être ignorées de ceux qui, dans un but de conservation, veulent tenter des expériences de repeuplement à partir de nichées élevées en couveuses artificielles, ou qui s'attachent à soigner, pour les relâcher ensuite, des jeunes animaux blessés, abandonnés, ou menacés au nid. L'exemple des Cigognes et de l'Eider montre que de tels sujets imprégnés sur une espèce étrangère, sont en réalité perdus pour leur propre espèce. Or, des ornithologues s'occupant de protection ont envisagé un programme de réimplantation dans certaines régions d'Europe, d'espèces disparues de rapaces. Il s'agirait de prélever au nid des jeunes d'une espèce A dans les régions balkaniques, et de les confier aux soins d'une espèce B en Espagne, en les déposant un à un dans les nids occupés par des jeunes approximativement de même âge. L'opération risque fort d'aboutir à la fixation des conduites sexuelles des sujets A adoptés sur l'espèce B nourricière et adoptive, ce qui équivaut en fait à une stérilisation psychologique. Pour être sexuellement et socialement normaux, ces oiseaux doivent être élevés par leurs propres parents ou en présence de compagnons de leur espèce.

L'importance des effets de l'empreinte sur le comportement social et sexuel ultérieur des animaux ne peut pas davantage laisser indifférents ceux qui s'intéressent au développement des comportements humains — d'autant plus qu'il ne s'agit pas seulement de poissons et d'oiseaux, mais que des phénomènes d'Empreinte ont été décelés chez des mammifères comme les chèvres, moutons, chiens et singes. Des liens sociaux s'établissent précocement pendant une période sensible. L'isolement des sujets pendant cette période sensible, et par conséquent un défaut de fixation à cet âge, entraîne des anomalies dans le comportement ultérieur.

CHAPITRE VI

LA VIE SOCIALE DES ANIMAUX

Lorsqu'on parle de vie sociale des animaux, on pense automatiquement aux sociétés très structurées d'Insectes. Elles ont, depuis toujours, frappé les imaginations. Certains ont vu dans leur organisation un modèle d'efficacité. L'étude de la vie sociale des animaux ne s'adresse pas seulement à ces communautés assez rigides. Elle englobe les contacts de toutes natures qu'un individu établit avec des sujets de même espèce. Chez de très nombreux Invertébrés, il n'y a pas recherche active du congénère. Les différents individus recherchent simplement les mêmes conditions écologiques. Il est dès lors naturel qu'ils se trouvent groupés en de mêmes lieux. Ces agrégats passifs peuvent se révéler avantageux. Ils augmentent les chances d'échange ou de rencontre des produits sexuels; ils assurent une meilleure utilisation de la nourriture et des ressources du milieu; ils garantissent une meilleure protection contre les dangers.

Le règne animal présente toute la gamme d'exemples possibles dans la complexité croissante de la vie en groupe. Le degré de complexité des structures sociales est, surtout, lié à la nature de la vie sexuelle et à l'importance des tâches associées à la reproduction. Chez la plupart des Invertébrés, la reproduction ne donne pas lieu à la formation de couples : les produits sexuels sont simplement libérés dans le milieu. Chez de nombreuses espèces d'Insectes, mais aussi chez des Poissons, Amphibiens et Reptiles, la vie du couple est strictement limitée au temps nécessaire pour la fécondation : vols nuptiaux des insectes où les deux partenaires se rejoignent quelques instants dans les airs avant de se séparer définitivement; rencontres des grenouilles dans une mare où, sitôt la fécondation accomplie, le couple se défait, tandis que les chapelets d'œufs sont abandonnés dans les herbes aquatiques. Ces rencontres se produisent à un moment précis; les partenaires ne peuvent se manquer. En effet, les animaux possèdent des rythmes physiologiques à long et à court terme : rythme hypophysaire influençant le développement périodique des gonades; alternance de périodes journalières d'activité et de repos, etc. Ces cycles métaboliques, véritables horloges internes, se synchronisent aux rythmes des saisons et du nycthémère. Comme les différents individus ajustent chacun leur rythme propre par rapport aux mêmes coordonnées temporelles du milieu, ils ont les meilleures chances de se mettre en quête l'un de l'autre en même temps, le même jour et à la même heure, parfois à la minute près, et de se rencontrer au bon moment. Dans les cas où la progéniture est l'objet de soins prolongés, les relations parents-jeunes et aussi, celles entre partenaires se compliquent. Cette évolution est manifeste au sein de différents groupes d'Invertébrés et de Vertébrés.

Les sociétés communautaires d'Insectes

Tous les groupes ont évolué vers plus de liberté vis-à-vis du milieu, vers des comportements qui libèrent des contingences physico-chimiques et des pressions contraignantes du milieu. Avec les Mammifères supérieurs, les Insectes sociaux — Abeilles, Fourmis, Termites — ont été les plus profondément marqués par cette tendance et l'ont poussée le plus loin.

L'unité fonctionnelle et vitale est la Société : Ruche, Fourmilière, Termitière. Les membres de cette Société concourent au bien commun; ils se répartissent le travail en équipes distinctes, et la spécialisation peut atteindre un degré tel qu'elle se traduit par un polymorphisme, comme chez les Termites où on distingue des individus reproducteurs, des ouvriers, des soldats. L'individu n'est que partie de cette entité et est inviable par lui-même. Isolé de sa société, il meurt; il est comme un tissu séparé de l'organisme et qui dégénère. Par contre, l'intégration complète et la sujétion de l'individu à la société permettent le développement de véritables civilisations, pratiquant l'élevage, l'agriculture, la cueillette, l'entreposage, la guerre aux autres colonies, l'asservissement des vaincus, etc. Certains auteurs, comme R. Chauvin, vont jusqu'à imaginer une théorie selon laquelle l'accession à ces activités complexes est rendue possible par une sorte d'interconnexion des cerveaux individuels. Chaque insecte, en effet, est petit; ses éléments nerveux sont minuscules et contiennent seulement quelques cellules; ses possibilités sont limitées. La mise en commun des potentialités nerveuses individuelles au niveau de la Société, permettrait la constitution d'une sorte de superorganisme qui aurait sa logique, son métabolisme, ses régulations propres, ce type de Société suscite de nombreuses recherches. Les écoles les plus actives sont celles de K. Von Frisch, P.P. Grassé, et R. Chauvin.

Les Abeilles

On connaît chez les Abeilles des sociétés de complexité croissante; les Andrènes ne forment pas de véritables colonies. Une femelle fécondée élève elle-même ses propres larves, sur un mélange de miel et de pollen, dans le creux d'un terrier ou dans une crevasse de roche. A la fin de l'été, elle meurt, tandis que sa descendance passe l'hiver, engourdie. Les Bourdons forment des colonies annuelles. La femelle fondatrice élève ses premières larves. Il en naît des filles qui entreposent nectar et pollen dans de grossiers récipients de terre et de cire aménagés dans le terrier. A la fin de l'été, naissent des femelles fécondes qui, chacune, fonderont une nouvelle colonie après avoir hiverné seules, tandis que la fondatrice meurt et que sa colonie se disperse. L'Abeille (*Apis mellifica*) enfin, constitue des colonies durables, issues chacune et groupées autour d'une seule reine. Au cours du vol nuptial, celle-ci a reçu la semence de 5 à 10 mâles; elle a fait une provision de sperme pour féconder ses œufs pendant plusieurs années. De février-mars à octobre, elle va pondre de 1 500 à 2 000 œufs par 24 heures. Les premiers œufs fécondés donnent des ouvrières, femelles dont les ovaires sont atrophiés; la ruche en comptera jusqu'à 40 000 à 50 000. En mai-juin, quelques centaines d'œufs non fécondés sont pondus dans des cellules plus larges qu'ont préparées les ouvrières : lorsque, se promenant sur les rayons pour la ponte, la reine touche de l'extrémité de son abdomen une loge de cette dimension, elle bloque l'admission du sperme en réserve au moment de la descente des ovules. Ceux-ci se développent donc sans fécondation, et donnent naissance à des mâles. Pendant ce temps, plusieurs larves reçoivent une nourriture spéciale — la gelée royale — issue des glandes pharyngiennes et mandibulaires des ouvrières. Les larves ainsi nourries produisent des femelles fertiles, aux ovaires bien développés. Lors du vol nuptial, chaque femelle entraîne à sa suite une cour de mâles. Après les accouplements, les jeunes femelles se battent pour la possession de la ruche, qui n'admettra qu'une seule reine. La vieille reine, de son côté, prépare l'essaimage, et entraîne à sa suite la moitié de la population de la colonie. Les mâles, désormais inutiles, sont tués et expulsés de la ruche. Enfin, avant l'hiver, la ponte s'arrête, et la colonie adopte un rythme ralenti : agglutinées les unes aux autres, les Abeilles forment une grappe qui, tant qu'il y a des réserves alimentaires, parvient à garder en son sein une température de 12 à 15° C.

Pendant la période d'intense activité du printemps et de l'été, les ouvrières se groupent en équipes qui se partagent le travail. Certaines nettoient les rayons, d'autres alimentent les larves, d'autres encore produisent la cire et construisent de nouvelles loges. Les gardiennes postées à l'entrée de la ruche identifient et expulsent toute étrangère à la colonie. Des ventileuses, en nombres variables, postées à l'entrée également, vibrent des ailes pour assurer un courant d'air qui maintient la température de la ruche à 34-35° C. Les exploratrices recherchent de nouvelles sources de nourriture, tandis que les butineuses récoltent pollen et nectar. Chaque ouvrière accomplit normalement toutes ces tâches au cours de sa très courte vie, 30 à 40 jours. Elle est successivement nettoyeuse les premiers jours, nourricière des jeunes larves vers 6-7 jours — c'est à ce moment que ses glandes céphaliques produisent la gelée royale —, cirière et ventileuse vers 12-13 jours, gardienne vers 18-19 jours, et enfin, à trois semaines, exploratrice et butineuse. On avait cru d'abord que cette succession des tâches avec l'âge était très stricte et rigide. Mais on s'est rendu compte que la proportion des Abeilles se livrant à l'une ou l'autre tâche est variable, et dépend en réalité des besoins de la colonie à ce moment. Selon le cas, cette évolution peut être accélérée ou, au contraire, retardée. Ainsi, on peut séparer dans une ruche toutes les jeunes ouvrières des plus vieilles, notamment, en déplaçant les rayons en plein jour, pendant que toutes les butineuses sont aux champs. Ces rayons, chargés de jeunes ouvrières, sont transférés dans une nouvelle ruche, tandis que les butineuses regagnent en masse l'ancien emplacement. Dans le premier cas, la colonie ne compte plus que de jeunes ouvrières; or, l'évolution d'une partie de celles-ci s'accélère, et elles se transforment précocement en butineuses et exploratrices. Dans le second cas, la colonie ne compte plus que des vieilles ouvrières; or, une partie de celles-ci restent à l'intérieur de la ruche, et redeviennent nettoyeuses, cirières, gardiennes, ventileuses, et même, nourricières, ce qui implique la régénération des glandes céphaliques atrophiées.

Le plus bel exemple de la coopération et de la haute organisation de la ruche est le langage des Abeilles (« *Bienensprache* »). Depuis longtemps, apiculteurs et entomologistes étaient intrigués par une danse frétillante que certaines ouvrières exécutent sur les rayons verticaux de la ruche. On avait remarqué aussi que la visite d'une exploratrice à une source de nourriture était suivie de l'arrivée rapide d'un nombre croissant de butineuses. K. Von Frisch a lié les deux événements, et a expliqué la signification de la danse. Ses travaux n'ont d'abord suscité qu'incrédulité et moquerie. Mais rapidement, Von Frisch a su convaincre les sceptiques. Il place dans un pré une coupe contenant de l'eau sucrée; il attend que cette source nouvelle de nourriture soit découverte par une exploratrice. Pendant que celle-ci s'abreuve sur le bord de la coupe, il la marque sur le dos d'une petite goutte de couleur à l'aide d'un pinceau fin. Il marque de la même façon les autres exploratrices qui découvrent sa coupe, et il voit bientôt affluer, à un rythme de plus en plus rapide, des butineuses non marquées. Au fur et à mesure que l'eau sucrée s'épuise, le nombre des visiteuses diminue. Von Frisch constate, d'autre part, que ce sont les exploratrices et les butineuses marquées qui exécutent dans la ruche la fameuse danse frétillante. Celle-ci attire les autres ouvrières qui les entourent et les imitent. Ces ouvrières, qui se pressent autour des danseuses, sont marquées à leur tour. Ce sont elles que l'on voit affluer à la coupe d'eau sucrée après le passage des exploratrices. Il y a donc eu transmission d'une information quant à la localisation de la source de nourriture. Von Frisch découvre à la fois la forme et la teneur du message. S'il place la nourriture à moins de 100 mètres de la ruche, l'exploratrice exécute une danse en rond relativement simple, sans indication de direction; elle signifie : une source de nourriture dans un rayon proche de la ruche. Si la coupe est placée au-delà de 100 mètres, l'exploratrice exécute sur les rayons une danse en « huit » fournissant des indications de distance et de direction. L'Abeille fait un court trajet rectiligne (le petit axe du huit) en agitant en cercle l'extrémité de l'abdomen (danse frétillante); puis, elle fait une boucle complète à droite, refait un trajet rectiligne, et termine par une boucle à gauche, et ainsi de suite. La danse et le frétillement de l'abdomen sont d'autant plus rapides que la nourriture est proche. Cette relation est très nette et donne des indications précises jusqu'à des distances de 1 kilomètre. L'orientation du trajet rectiligne sur les rayons fournit l'indication de direction. Si l'Abeille se dirige vers le haut, cela signifie que la nourriture est dans la direction du soleil. Si la danseuse se dirige vers le bas, elle est dans la direction opposée. Le petit axe du huit peut être plus ou moins incliné. L'angle qu'il forme avec la verticale correspond sur le terrain à l'angle que forme le trajet de la ruche à la nourriture avec la projection horizontale du soleil. Un angle de 60° à gauche de la verticale signifie que la nourriture se trouve à 60° à gauche du soleil (figure 23). On a pensé que l'origine de cette danse pouvait être la décomposition d'une double taxie. Lorsque l'Abeille fuit un danger, elle s'envole dans la direction du soleil. Elle montre à la fois une phototaxie positive et une géotaxie négative. Or, dans la danse, la direction du soleil correspond à la direction verticale dans le sens opposé à la pesanteur. Il y aurait donc transfert d'une indication horizontale — la projection du soleil — en indication verticale.

Le soleil, utilisé comme repère quant à l'indication de direction, se déplace dans le ciel au cours de la journée. Or, l'Abeille vole lentement, et quand la nourriture est abondante, elle exécute sur les rayons des danses de longue durée, pendant des heures d'affilée. Malgré la fuite du temps, l'indication de direction reste extrêmement précise. Pour une distance de 800 mètres, l'erreur est de quelques degrés seulement. En effet, la danseuse à l'abri dans la ruche tient continuellement compte de la position changeante du soleil; pendant les danses de longue durée, elle modifie progressivement l'inclinaison de son axe de façon telle que l'indication de direction de la nourriture est toujours correcte par rapport au soleil au moment consi-

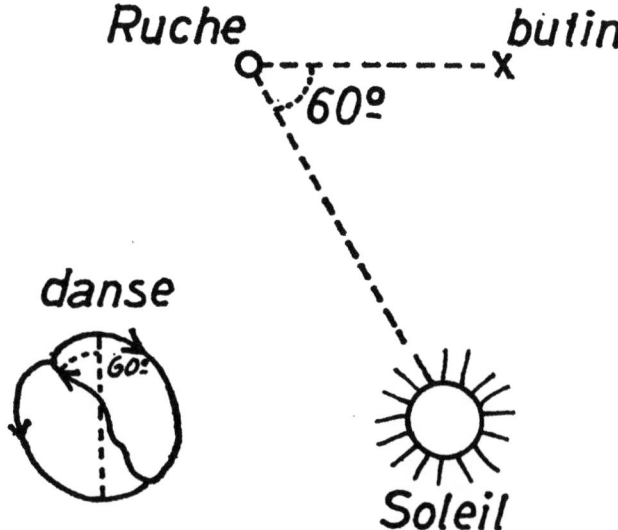

Fig. 23 : **Danse de l'Abeille sur le rayon vertical de la ruche pour indiquer l'emplacement d'une source de nourriture en utilisant le soleil comme point de repère (voir texte page 180). D'après Von Frisch,** *Aus dem Leben der Bienen.* **Verständliche Wissenschaft, neubearb. u. erg. 8 Aufl. Bd 1, Berlin-Heidelberg-New-York, Springer, 1969.**

déré. Grâce à son horloge métabolique, l'Abeille a en effet un sens aigu de l'heure; synchronisé au nycthémère, son rythme interne permet de tenir compte du déplacement du soleil dans le ciel.

Lors de la préparation des essaimages, les exploratrices se mettent en quête d'emplacements favorables pour l'installation de la nouvelle colonie. De retour à la ruche, elles fournissent de la même manière les informations recueillies sur l'emplacement choisi.

Les exploratrices et les butineuses sont donc capables de se transmettre par signes des informations de directions et distances, relatives à un emplacement que les premières ont découvert, et que les secondes vont visiter. C'est le seul exemple connu, dans le règne animal, d'une véritable ébauche d'un langage clair et précis.

L'école de Von Frisch s'est surtout consacrée à l'étude de ce langage. Tandis que l'école française animée par Chauvin s'intéresse davantage aux mécanismes de régulation sociale de la ruche; on pourrait presque dire « au déterminisme physiologique à l'échelle de la ruche ». Elle étudie les facteurs qui régularisent les constructions, les récoltes, la proportion des sexes, la proportion des fonctions chez les ouvrières. Elle a montré notamment que le personnage central de la ruche, la Reine, exerce sur les ouvrières un double pouvoir attractif et inhibant. Elle attire les ouvrières qui se groupent et se pressent autour d'elle, prennent soin d'elle et des œufs; et, d'autre part, c'est la Reine elle-même qui inhibe chez les ouvrières le développement des ovaires. Ce double pouvoir est lié à la production, par la Reine, de substances chimiques que l'on a pu isoler. Si la Reine est éliminée, les ovaires se développent chez les ouvrières. Celles qui se sont développées le plus rapidement inhibent à leur tour ce même développement chez les autres. Mais plusieurs Reines sont encore incompatibles dans la ruche; elles se battent, s'entretuent, et la survivante monopolise l'attention et les soins de toute la population de la ruche.

Les spécialistes de l'étude des Abeilles en arrivent à considérer la Ruche comme l'entité organique viable, qui domine les individus, et possède son propre métabolisme social, sa propre régulation.

Les Fourmis

Le comportement social des Fourmis n'a pas moins fasciné les entomologistes. Les 6 000 espèces sont toutes sociales. Les rares signes fossiles de leur activité passée indiquent qu'elles ne doivent pas avoir beaucoup changé en plusieurs dizaines de millions d'années. Contrairement aux Abeilles, les colonies abritent de nombreuses Reines — jusqu'à 2 000 — toutes capables de fonder une nouvelle colonie qui pourra compter 3 à 4 millions d'individus...

Autour de ce modèle, schématiquement évoqué, certaines Fourmis ont développé des activités et structures sociales plus spécialisées. Les Fourmis *chasseresses* des tropiques sont nomades; elles n'ont pas de fourmilière fixe; elles établissent des nids temporaires, simples agglomérats d'une masse d'ouvrières sur le sol. Les Fourmis *tisseuses* construisent des nids de feuilles attachées par des filaments de soie. Lorsqu'une déchirure se produit, des chaînes d'ouvrières se fixent aux lèvres de la déchirure et s'efforcent de la réduire, tandis que d'autres ouvrières, tenant dans leurs pattes antérieures une larve de leur propre espèce, dont elles se servent comme d'une navette, rejoignent les lèvres par le fil de soie que ces larves sécrètent. Les *éleveuses* se nourrissent des déjections de pucerons. Elles en élèvent des troupeaux, qu'elles transportent sur leurs plantes nourricières, et qu'elles protègent contre leurs ennemis. Elles rentrent ces pucerons dans la fourmilière pendant les nuits fraîches, et elles en récoltent des œufs durables pour l'hiver. Les *moissonneuses* font provision de graines de graminées. On croit que certaines font de véritables cultures de « céréales ». Les *Attas* d'Amérique aménagent sur des débris de feuilles de vastes champignonnières qui servent à l'alimentation des larves. Chaque espèce possède son propre champignon, et lorsqu'une femelle va s'élancer pour le vol nuptial, elle emporte en bouche un peu de sa semence. Ses premiers œufs serviront à relancer une culture. Les *esclavagistes* sont des Fourmis guerrières, composées surtout de soldats. Elles pillent les nids des autres espèces, mangent les œufs et les larves, et emportent en captivité une partie des nymphes. Après l'éclosion, celles-ci leur servent d'esclaves pour s'occuper des tâches de la fourmilière, et notamment, de l'élevage des jeunes.

Chauvin a découvert récemment que les différentes fourmilières peuvent entretenir des relations entre elles, par un réseau de chaussées permettant des échanges. Des rapports de cette nature, autres que la guerre et l'esclavage, existeraient même entre Fourmis d'espèces différentes.

Les Termites

Les Termites sont beaucoup plus anciens encore que les Abeilles et les Fourmis. Toutes les espèces sont sociales. Autour de la Reine — énorme machine à pondre — et de son mâle minuscule, la colonie groupe des castes d'ouvriers et de soldats. Ils se nourrissent de bois, dont la cellulose est digérée par l'intermédiaire d'infusoires intestinaux. Ils élèvent également des champignons sur des lits de bois émietté, mais contrairement à ce qui se passe chez les Fourmis, le champignon n'est pas mangé pour lui-même; il prépare l'assimilation de la lignite pour le Termite. Plus que les Abeilles et les Fourmis, les Termites sont de remarquables bâtisseurs qui édifient des constructions de complexité et de dimensions énormes. Que des animaux aussi minuscules puissent coordonner leurs activités pour réaliser des termitières de plusieurs mètres cubes, comportant des galeries, champignonnières, chambre royale, des piliers et des arches, dépasse l'entendement.

Grassé a émis l'hypothèse selon laquelle c'est la construction en cours qui excite les ouvrières et entretient le travail (théorie de la stigmergie). Lorsque des Termites sont capturés et placés dans un récipient contenant quelques matériaux, on observe trois phases successives dans le comportement de construction. Tout d'abord, les animaux dérangés s'agitent en tous sens, dans une totale anarchie : c'est la phase d'*incoordination*. Puis, quelques sujets se mettent à préparer des boulettes de terre et d'excréments qu'ils disposent et abandonnent au hasard : c'est la phase de *travail incoordonné*, au cours de laquelle un individu peut détruire ce que le voisin vient de construire. Enfin, à un moment donné, plusieurs boulettes se trouvent par hasard accolées; elles constituent une masse critique de stimuli qui polarise l'attention de tous les ouvriers; ceux-ci y ajoutent leurs propres boulettes, et rapidement, l'œuvre se développe et grandit : c'est la phase de *travail coordonné*. Selon le stade atteint par la construction, les Termites construisent des murs, des piliers ou des arches. Ce serait donc l'œuvre elle-même qui, par sa taille, sa forme, son stade d'édification, assurerait sa propre régulation.

Hiérarchies sociales et territoires

Les insectes sociaux ont poussé jusqu'à sa conséquence extrême la sujétion absolue de l'individu à la communauté. Les sociétés de vertébrés sont bâties sur des principes qui nous sont plus accessibles et correspondent beaucoup plus à notre propre organisation. Chaque individu maintient toujours autour de lui un espace de sécurité où aucune intrusion du voisin n'est tolérée. Cette distance individuelle résulte de la double tendance à attaquer et à éviter le congénère; l'importance du quotient attaque/fuite détermine l'espacement des sujets. Ce quotient varie d'une espèce à l'autre, mais aussi, au sein d'une espèce, selon les circonstances. Elle diminue en présence d'un danger commun : une troupe d'Etourneaux en vol se resserre en une masse compacte lorsque paraît un Epervier; dès que le rapace s'est éloigné, chaque oiseau reprend ses distances. Elle dépend de l'endroit où a lieu la rencontre : l'agression est plus grande lorsqu'il y a compétition pour les places au dortoir, pour le choix d'un perchoir, pour l'accès aux points d'eau ou aux sources de nourriture. Elle dépend encore de l'époque de l'année : si une composante sexuelle s'ajoute au conflit attaque/fuite d'un mâle, alors, la distance diminue vis-à-vis des femelles, et augmente vis-à-vis des autres mâles. Elle est influencée, enfin, par la connaissance individuelle des partenaires : un sujet inconnu provoque une agression plus violente qu'un voisin ou qu'un autre membre du groupe.

Ce principe de la distance critique individuelle donne naissance à deux types d'organisation : la *hiérarchie sociale* et la *territorialité*.

La hiérarchie sociale est un type d'organisation très fréquent chez les animaux nomades, où les rapports entre les différents membres du groupe sont régis par des relations de dominance-infériorité. Un animal plus agressif que les autres maintient autour de lui, où qu'il aille, une zone d'inviolabilité. Il monopolise les meilleurs emplacements pour manger ou dormir, et accapare les femelles.

Il fait respecter ses droits à coups de bec, de dents ou de griffes. Tous les autres sujets s'en écartent avec crainte. En dessous de ce sujet, en position « alpha », un animal « bêta » domine tout le reste du groupe. Il se soumet au despote, mais distribue des coups à tous ses inférieurs. Chaque sujet a un rang dans l'échelle des valeurs, et tout en bas de la hiérarchie, le sujet « oméga » est dominé par tous, et n'a plus personne à dominer en dessous de lui. Il s'agit ici d'une hiérarchie linéaire. Il est des cas de hiérarchie triangulaire, où un sujet A domine B, qui domine C, qui à son tour domine A. Chaque animal défend et maintient son rang par la force (« *Peck right* » — « *Peck order* » : Schjelderup-Ebbe). Le rang dépend de la taille, de l'âge, du sexe, de l'état physiologique. On peut modifier le rang dans l'échelle en modifiant l'état physiologique d'un sujet; enfin, un individu de position x dans un groupe, peut occuper une position x + n ou x — n dans un autre groupe.

Il y a territorialité lorsqu'un sujet, un couple, ou un groupe, s'installent en un endroit dont ils défendent l'accès aux individus de même espèce. Les modalités du territoire sont extrêmement variées. Certains sont défendus toute l'année comme chez le poisson *Badis badis*, le Rouge-gorge, et le Hamster. La plupart sont temporaires et limités à la période de reproduction. La territorialité présente l'avantage, sur la hiérarchie, que chaque sujet est dominant chez lui. Il est familiarisé avec cet environnement dont il connaît tous les repères. Il en connaît mieux que ses voisins toutes les possibilités et ressources. Inversement, dès qu'il s'éloigne de son domaine et pénètre chez le voisin, il perd sa dominance et se met en situation d'infériorité.

Remarquons qu'il peut y avoir toutes les combinaisons possibles entre la hiérarchie et le territoire. Un groupe territorial peut, en effet, être organisé d'une manière hiérarchique à l'intérieur d'un territoire. Et les différents membres d'un groupe hiérarchisé peuvent acquérir des territoires individuels.

Que ce soit au sein du groupe hiérarchisé ou sur son territoire, l'individu doit faire valoir ses droits par son agressivité. Celle-ci traduit sa vitalité, mais elle comporte des risques pour l'espèce. Elle ne doit pas aboutir à la blessure ou à la mort d'un des antagonistes. Il y a donc intérêt à ce que l'agressivité ne se traduise pas par de véritables combats. Ceux-ci sont donc essentiellement symboliques, et se terminent sans dommages corporels. Ce résultat est atteint par le développement d'attitudes, structures et signaux sonores exprimant la dominance ou la soumission. Grâce à ces parades et parures, la défense du rang ou du territoire est réalisée par des simulacres de combat.

Il est frappant que les attitudes de menace et d'apaisement sont souvent à l'opposé les unes des autres. Chez l'Epinoche, le mâle territorial à ventre rouge menace les intrus en inclinant le museau vers le sol; le poisson dominé ou la femelle qui se présentent au territoire dans une attitude d'apaisement sont ternes, se tiennent près de la surface, et gardent une position redressée vers le haut. La Mouette qui menace un intrus lui présente de face le bec rouge et le masque facial noir; celle qui apaise sa rivale détourne la tête et cache masque noir et bec rouge. Le chien ou le loup dominant montrent les crocs; celui qui est vaincu offre son cou au vainqueur. Cette soumission a pour effet d'apaiser le combat, alors que la fuite déclenche la poursuite.

Ce principe devient très important lorsque, à la balance attaque/fuite, s'ajoute une composante sexuelle. Le mâle prêt à la reproduction a tendance à chasser la femelle, tandis que la femelle, craintive, est susceptible de fuir le mâle agressif. Or, la distance critique individuelle d'attaque ou de fuite doit s'effacer pour permettre le rapprochement des partenaires. Ceux-ci doivent apprendre à se reconnaître, et doivent développer des mécanismes qui consomment ou redirigent l'agressivité naturelle. C'est la fonction des nombreuses parades ritualisées qui assurent la synchronisation des deux partenaires, et garantissent la cohésion du couple.

Sociétés et familles de poissons

Quand on parle de sociétés et familles de poissons, le profane s'étonne car il a surtout présente à l'esprit l'image des bancs de Harengs ou Sardines. Le fait que certaines espèces donnent des soins aux œufs et protègent les jeunes a toutefois été popularisé par l'aquariophilie. Les poissons présentent, en fait, une gamme très variée de toutes les structures sociales possibles. Le *Banc* en est la forme la plus simple. C'est un rassemblement cohérent, massif, uniforme, où tous les sujets de même taille, de même âge, de même couleur, souvent de même sexe, sont orientés dans le même sens, sont équidistants, et présentent une parfaite synchronisation des mouvements. Le banc n'est pas le résultat d'un groupement passif des poissons. La tendance à se grouper et à rechercher les congénères apparaît très tôt chez l'alevin. L'équidistance entre les sujets est assurée par l'équivalence des motivations. Le Banc est un type de société fréquent chez les poissons de haute mer : Clupéiformes (Harengs), Mugiliformes (Mulets), Gadiiformes (morues). Il est adapté au mode de vie pélagique. Il facilite les déplacements, la recherche de nourriture, la protection contre les prédateurs. Il est surtout intéressant pour la reproduction, car il facilite la rencontre des partenaires sexuels dans l'immensité de l'océan. Le rapprochement des sexes est toutefois très théorique : chez nombre de poissons vivant en bancs, il n'y a pas de parade, pas de sélection de partenaire. Chez certaines espèces, les bancs de mâles et de femelles sont superposés au moment de la fraie; toutes les femelles expulsent simultanément leurs œufs. Ceux-ci, plus légers que l'eau, remontent à la surface, et traversent les bancs des mâles, qui expulsent leur laitance.

Certaines espèces vivent en banc en période de repos sexuel et se rapproche des côtes et des berges, pour s'y attribuer un territoire, au moment de la reproduction. Ce phénomène est très général chez les poissons côtiers. De nombreux poissons bentiques sont territoriaux toute l'année, et défendent autant un territoire de chasse qu'un territoire de reproduction. Celui-ci est défendu par des comportements spéciaux, le plus souvent par le mâle, parfois par le couple, plus rarement par la femelle. Les attaques sont dirigées contre les individus de même espèce, et surtout, contre les individus de même état physiologique. La grandeur du territoire est une caractéristique spécifique. Chez les poissons qui se reproduisent près du fond, comme les *Tilapia* et les *Epinoches*, c'est surtout la colonne d'eau proche du fond qui est défendue, tandis que chez les espèces qui aménagent un nid de bulles de gaz près de la surface, c'est au contraire la colonne d'eau près de la surface qui est réservée.

Les poissons des récifs coralliens figurent parmi les espèces territoriales les plus agressives. Ils vivent dans des eaux peu profondes, pures et très claires. Ils sont couverts de patrons bariolés des couleurs les plus vives. Aucun de ces « poissons arlequins » ne tolère la proximité d'un sujet de même espèce, qui est impitoyablement chassé. Ce sont les couleurs qui déclenchent et orientent la bataille. Les espèces voisines, différemment colorées, ne sont pas attaquées. La territorialité n'est donc pas liée à une concurrence alimentaire. Elle fait partie du comportement de reproduction. Or, au sein de chaque espèce, les deux sexes sont porteurs de la même livrée, et une femelle qui n'est pas tout à fait mûre est attaquée avec la même violence que les mâles. Toutefois, lorsqu'elle pénètre dans un territoire, une femelle mûre n'est pas attaquée car, pendant quelques instants, sa parure pâlit, s'atténue, et elle apaise ainsi l'agressivité du propriétaire pendant le temps nécessaire au rapprochement sexuel.

Après la fraie, certaines espèces n'accordent aucune attention à la ponte. D'autres protègent les œufs, les ventilent, chassent les intrus, regroupent les alevins. Il est des familles paternelles, où ces tâches sont dévolues au mâle, comme chez l'Epinoche ou le *Tilapia macrocephala*.

Pour certaines espèces, le territoire est un simple pied-à-terre, où le mâle reçoit et courtise les femelles. Chez le *Tilapia macrochir*, les mâles sont cantonnés à faible profondeur, et défendent, chacun, une surface d'un mètre de diamètre en moyenne. Tandis que les mâles sont cantonnés sur un espace restreint, les femelles prêtes à pondre se déplacent à leur gré parmi les différents territoires, transgressant à leur aise toutes les frontières strictement défendues aux mâles, et font l'objet d'une cour intense de la part des mâles cantonnés tout le long de leur parcours (cf. Ruwet, 1963).

Quand une femelle se présente devant son territoire, le mâle va au-devant d'elle, en faisant preuve d'une ardeur et d'une combativité accrues : incliné à 45°, museau pointé vers le sol, il progresse par de rapides coups de queue à gauche et à droite, et tout en paradant et en exhibant son filament sexuel largement étalé, il se déplace autour de la femelle qui, entre-temps, a franchi les limites du territoire et s'est immobilisée en son centre.

Lorsqu'une femelle se présente sur une frayère densément peuplée où les territoires sont jointifs, plusieurs mâles peuvent se porter simultanément au-devant d'elle. Dans ce cas, c'est l'attitude de la femelle qui décide souverainement de l'issue de la compétition, car dès qu'elle a spontanément franchi les limites d'un territoire, les rivaux s'en désintéressent, et ce, aussi longtemps qu'elle reste dans ses limites, et elle ne constitue plus un stimulus que pour le possesseur de ce territoire.

Les poissons arrivent ainsi au stade crucial de la formation, combien éphémère d'ailleurs, du couple. Ou bien, la femelle, aussi spontanément qu'elle était apparue, rompt l'engagement, franchit les limites du territoire et se dirige chez le voisin, où elle est accueillie avec le même cérémonial, auquel cas le premier mâle ne peut rien pour la retenir. Ou bien, la femelle demeure sur place, immobile. Dans ce second cas, on voit soudain le mâle glisser son museau sous l'abdomen de la femelle, et toucher de sa lèvre la papille génitale de sa compagne; celle-ci émet alors un petit lot d'œufs qui se déposent sur le fond; la femelle se retire légèrement pour faire place au mâle qui s'avance au-dessus des œufs, se couche sur le flanc, tandis que la femelle, qui s'avance de nouveau, lui touche des lèvres le filament sexuel largement étalé; le mâle émet alors sa laitance, qui se répand sur les œufs; le mâle s'étant retiré, la femelle s'avance de nouveau, et reprend un à un les œufs en bouche pour les incuber. Remarquons qu'en touchant de sa lèvre le filament sexuel du mâle, la femelle prend directement du sperme en bouche avant de récupérer les œufs. La fécondation proprement dite peut donc prendre place dans la bouche même de la mère.

La série de manifestations qui conduit à la fécondation constitue une réaction en chaîne. Si un maillon vient à manquer, la séquence s'arrête. Il y a donc avantage à ce que cette réaction se réalise le plus rapidement possible : de l'arrivée de la femelle à son départ avec les œufs fécondés, il ne s'écoule pas plus de 50 à 60 secondes.

A ce stade, l'union du couple prend fin, ou peut être momentanément prolongée, ou plus exactement, peut être renouée, reconduite. En effet, après que la femelle a récupéré son lot d'œufs fécondés et a casé ceux-ci dans sa cavité buccale distendue, le mâle ayant repris son cérémonial stéréotypé pendant cette opération même, deux possibilités se présentent : ou bien la femelle se laisse de nouveau séduire par ce mâle, et la série de réactions en chaîne décrites plus haut aboutit à la fécondation par ce mâle d'un nouveau lot d'œufs; ou bien, soit spontanément, soit que le couple ait été dérangé, ce qui est fréquent dans une frayère densément peuplée, la femelle s'éloigne vers un territoire voisin où elle est accueillie par un cérémonial en tous points semblables, tandis que le premier mâle reprend, de son côté, sa faction aux limites de son domaine.

Chaque mâle accueille successivement plusieurs femelles sur son territoire, et féconde les œufs d'une bonne partie d'entre elles. De même, au cours de leur trajet à travers la frayère, les femelles s'arrêtent dans plusieurs territoires; elles sont courtisées et séduites par plusieurs mâles successifs, de telle sorte que les œufs qu'elles incubent en bouche proviennent de plusieurs lots fécondés par des mâles différents. Chez le *Tilapia macrochir* et les formes apparentées (j'ai décrit plus haut le comportement parental de ces poissons, cf. page 166), le couple est donc extrêmement labile et éphémère. La polygamie et la polyandrie successives constituent la règle générale.

D'autres espèces de *Tilapia* forment des couples véritables, durables et stables; les deux partenaires participent à la défense du territoire, à la ventilation des œufs déposés sur le sol, et à la garde des alevins.

Dans l'un et l'autre cas, les poissons, mâles et femelles, adoptent des attitudes et arborent des patrons de coloration caractéristiques des motivations en jeu. Ces « mouvements d'expression » ont une fonction de signalisation et de communication : un mâle cantonné et agressif est brillamment coloré et se tient près du fond; un mâle dominé monte en surface et pâlit; une femelle abordant un territoire porte une parure terne dite « d'infériorité symbolique » : elle apaise ainsi l'agressivité du propriétaire du territoire; enfin, au moment de la garde des jeunes, les parents acquièrent une livrée très contrastée et exécutent des mouvements brusques qui servent de repères et assurent le regroupement des alevins.

L'étude détaillée des mouvements d'expression et patrons de colorations qui les soulignent ne peut être réalisée qu'en laboratoire, dans des aquariums spacieux, où on diversifie et multiplie les conditions de rencontre entre partenaires sociaux et familiaux. Attitudes et patrons de colorations sont répertoriés et analysés. Les observations sont doublées de prises de vue photographiques et cinématographiques, qui en assurent l'authenticité et la reproductibilité (cf. travaux de Voss et Ruwet).

Le cantonnement chez les oiseaux

En 1920, l'ornithologue amateur anglais Eliott Howard a réussi, dans un livre de synthèse, à attirer pour la première fois l'attention des chercheurs de métier sur le phénomène de la territorialité chez les oiseaux. Il a suscité ainsi une foule de travaux qui ont montré que presque tous les oiseaux sont, à des degrés divers, territoriaux.

L'acquisition et la défense d'un territoire s'intègrent à part entière dans le cycle de reproduction. L'oiseau devient territorial à l'intervention de facteurs internes — sous l'impulsion de l'hypophyse antérieure — et sous l'action de facteurs externes émanant des partenaires sociaux et du milieu ambiant : élévation de la température, allongement de la photopériode, régénération saisonnière de l'habitat caractéristique de la période de reproduction.

Chez une espèce sédentaire, le processus d'installation répond grosso modo au schéma suivant, valable surtout pour les petits Passereaux chanteurs. Au fur et à mesure que la motivation sexuelle se précise, le mâle qui a jusque-là erré en bande avec ses congénères s'isole de la troupe et, en même temps qu'il acquiert des caractères sexuels secondaires — plumage, chant, coloration du bec, etc. —, il effectue des séjours de plus en plus fréquents et durables sur un espace de terrain qu'il défend contre les sujets de même espèce. L'oiseau se confine donc topographiquement, et la distance individuelle en deçà de laquelle aucune intrusion n'est tolérée, s'allonge considérablement et devient une « distance territoriale ». L'oiseau devient absolument dominant sur son territoire. Il perd cette supériorité dès qu'il en franchit les frontières. Chez les espèces migratrices, les mâles voyagent généralement les premiers, et regagnent les lieux de nidification avant les femelles. A l'arrivée de ces dernières, ils ont achevé de se partager le terrain, qui apparaît comme une mosaïque de territoires jointifs.

Les manifestations qui sont liées à la territorialité chez les oiseaux sont parmi les plus spectaculaires du monde animal. Chaque mâle signale sa possession d'un domaine par des manifestations visuelles et sonores ritualisées. Il se poste bien en évidence sur des perchoirs d'où il lance son chant ou, à défaut, exécute des vols territoriaux. Le chant est un caractère sexuel secondaire lié à la possession et à la signalisation d'un territoire. Il est d'autres manifestations sonores qui sont exactement la même fonction. La Bécassine plonge du haut des airs en écartant au maximum les rectrices externes de la queue; les battements d'ailes dirigent alternativement le flux d'air au-dessus et en dessous de ces plumes qui vibrent en produisant un « bêlement ». Les Pics choisissent des branches mortes qu'ils martèlent du bec. Tambourinements des Pics, bêlement des Bécassines et chants des Passereaux ont tous pour fonction de signaler la présence des mâles à l'adresse des femelles à attirer et des mâles rivaux à maintenir à l'écart.

Ces manifestations sonores sont surtout développées chez les espèces vivant sous le couvert, comme le Rossignol notamment. Des manifestations visuelles — les parades — servent à la signalisation et à la défense rapprochées du territoire. Elles sont surtout développées chez les espèces vivant à découvert, et sont associées à des structures et patrons de coloration spectaculaires.

Les modalités du territoire sont tellement variées qu'il est malaisé d'en établir une classification et d'en donner une définition valable pour tous les cas, sinon en termes extrêmement généraux. Pour Howard (1920), tout espace défendu est un territoire. Pour Tinbergen (1939), l'appellation s'applique seulement à un espace défendu par un combat à caractère sexuel, Hinde (1956) en reconnaît quatre grands types.

Dans le premier cas, le territoire est une aire de reproduction étendue dont la grandeur moyenne s'exprime en dizaines d'ares; toutes les activités du couple en période de reproduction y prennent place : accouplement, parade, nidification, élevage des jeunes. Cet espace fournit la plus grande partie de la nourriture utilisée par les parents et les jeunes. Les Pinsons et Fauvettes délimitent des territoires de ce type. C'est le fait aussi du Rouge-gorge qui est un cas extrême, car, comme l'a montré Lack, il assure toute l'année durant la défense d'un domaine.

Dans le second cas, le territoire est une aire de reproduction moyennement étendue. Les activités liées à la reproduction y prennent place, mais il ne fournit plus la majeure partie de la nourriture utilisée par les parents et les jeunes. Ainsi, les Huîtriers pies, Avocettes, Vanneaux, Chevaliers gambettes, délimitent sur le terrain de nidification des territoires dont la grandeur moyenne est de quelques ares. A certaines heures de la journée, les voisins s'affrontent en combats de frontières ritualisés à la limite de leur domaine respectif. A d'autres moments, ils se côtoient pacifiquement sur les terrains de nourrissage communs.

Chez les oiseaux nichant en colonies, comme les Cormorans, Fous de Bassan, Goélands, Sternes et Mouettes, le territoire se réduit à quelques décimètres carrés. Il est limité à l'aire entourant immédiatement le nid. Les couples sont jointifs et peuvent presque se toucher. Ils vont chercher toute leur nourriture à l'écart de la colonie.

Chez un petit nombre d'espèces enfin, le territoire n'est plus utilisé pour nicher. C'est seulement un lieu de rencontre entre partenaires sexuels. Les mâles se groupent dans des arènes où chacun se cantonne sur un petit espace de parade. Les femelles les rejoignent et choisissent leur partenaire d'un instant. Immédiatement après l'accouplement, les femelles quittent l'aire où les mâles continuent à parader, et elles vont nidifier à l'écart. Les espèces qui ont développé ce type de comportement — Chevaliers combattants, Tétras lyre, Perdrix de Sauge, Cupidon des prairies — présentent un dimorphisme sexuel extrême. Les mâles sont plus grands que les femelles et sont porteurs de parures et ornements spectaculaires et vivement colorés. Ils ne prennent plus aucune part aux activités de la reproduction; les femelles auxquelles sont dévolues toutes ces tâches sont porteuses d'une livrée terne et homochrome qui leur permet de se dissimuler dans la végétation.

Il faut souligner que chez les Rhynchées peintes africaines et chez les Phalaropes des régions nordiques, les rôles des partenaires sexuels sont complètement inversés. La femelles choisit et défend le territoire; elle est plus grande que le mâle, porte la livrée nuptiale, et exécute les parades; tandis que le mâle, plus petit et plus terne, s'occupe de la couvaison et des soins aux jeunes.

La question se pose de savoir quelle est la valeur adaptative de la territorialité. Quelles sont les forces sélectives qui ont conduit à son apparition et assurent son maintien. Hinde a énuméré les avantages liés à la possession d'un territoire. Nous retiendrons surtout que le confinement sur un espace restreint assure à chaque propriétaire une meilleure connaissance et permet une utilisation optimale des ressources possibles du terrain. Il assure une réduction des interférences sur le plan sexuel; il facilite la rencontre des partenaires, la formation du couple, la consolidation des liens. Il réduit le despotisme de certains mâles et donne sa chance à chacun. Chez certaines espèces cependant, comme la Mésange charbonnière, la formation du couple précède le cantonnement; le chant est centré sur la femelle d'abord, localisé en un lieu ensuite. Le territoire sert alors davantage à la possession et à la défense des sites de nidification, et le combat prend place autour de ces sites. Les Colibris défendent des massifs de fleurs et le territoire garantit l'accès à la source de nourriture. Enfin, l'espacement des couples en territoires distincts limite la densité de population et, par voie de conséquence, prévient la consanguinité et réduit les risques d'épidémies. On a constaté, en effet, (Huxley, 1934) que l'ardeur à défendre le territoire est maximale en son centre et diminue au fur et à mesure qu'on s'éloigne de ce centre. Lorsque les dimensions du territoire diminuent par suite de l'installation de nouveaux couples, l'agressivité territoriale augmente progressivement. Il arrive un moment où cette ardeur combative est telle qu'elle ne permet plus aucun empiètement nouveau. Les couples en surnombre doivent alors s'installer dans des habitats marginaux (Ruwet, 1959). Les territoires sont donc comme des disques élastiques partiellement compressibles, et dont il existe un nombre maximum qui peuvent être placés ensemble sur un espace donné. L'instinct territorial apparaît dès lors comme un facteur limitant de la densité de population.

Les avantages de la territorialité sont donc multiples, et il n'est pas possible de lui attribuer une fonction globale valable pour tous les cas. Il est vraisemblable que l'importance relative des pressions sélectives qui ont présidé à son acquisition chez les oiseaux varie selon les espèces.

Les sociétés de singes

S'il est un groupe zoologique qui a été étudié intensivement dans son comportement, c'est bien celui des singes. Depuis longtemps, en effet, les chercheurs ont cru trouver dans cette étude la clé de problèmes de psychologie humaine, et ont considéré les singes comme le matériel animal idéal de la psychologie. Pendant plus de 50 ans, des Macaques et Chimpanzés, élevés dans les jardins zoologiques, des ménageries ou des laboratoires, ont été dressés et soumis à des tests divers. On leur a appris à compter, à distinguer des formes géométriques, à dessiner ou à peindre. On a disserté sur leurs aptitudes intellectuelles, et on a élaboré une psychologie du singe. Le bilan de ces travaux est extrêmement décevant. On s'est cru autorisé à rapprocher ou à opposer le comportement et les facultés du singe et ceux de l'homme. Or, les tests conçus au laboratoire ne s'adressent pas aux qualités réelles de l'animal; ils font appel à des qualités qui paraissent essentielles dans les conditions de l'expérience, mais dont le singe n'a que faire. On a donc utilisé des animaux dont le comportement naturel était complètement inconnu, et on les a soumis à des tests et à des opérations qui leur étaient forcément totalement inadaptés. Enfin, les conclusions douteuses — pour les raisons que je viens d'exposer — obtenues sur quelques sujets plus ou moins domestiqués, et donc susceptibles d'anormalité, ont été hâtivement extrapolées à l'ensemble des Primates, sans tenir compte le moins du monde de la diversité phylogénique, morphologique, écologique et comportementale d'un groupe qui ne compte pas moins de 250 espèces réparties en 80 genres.

Dans la mesure où les singes constituent un matériel animal de premier ordre pour l'étude des causes et mécanismes des comportements humains normaux et pathologiques, ainsi que pour la compréhension des processus d'hominisation, il est ahurissant que l'on se soit si longtemps contenté d'utiliser des animaux frelatés par la domestication, ou la captivité et que l'on n'ait pas cherché à connaître mieux et plus tôt ce que sont réellement les singes dans leur intégrité écologique.

L'Américain C. R. Carpenter, le premier, s'est rendu sur le terrain dans la zone de Panama, vers 1932-33, pour étudier sur place les populations sauvages de Singes hurleurs. Carpenter a été le pionnier d'une catégorie nouvelle de chercheurs, qui depuis une dizaine d'années au Japon, aux Indes, en Afrique centrale et en Amérique latine, ont réuni sur les singes plus de données essentielles que leurs prédécesseurs au cours des cinquante années antérieures (cf. De Vore).

Ce type de recherche exige beaucoup d'enthousiasme, de courage, et d'abnégation. En 1959-60, Georges Schaller, de l'université du Wisconsin, s'est installé avec sa femme dans une petite hutte au Parc National Albert au Congo, sur les pentes couvertes de forêts de montagne où vivent les Gorilles. Le premier au monde, il a cherché à approcher ces animaux réputés dangereux sans porter aucune arme. De crainte que ses gestes ne soient interprétés comme une menace, il n'a jamais braqué ni jumelles, ni appareil photographique dans leur direction. Au prix d'une patience infinie, Schaller a pu s'approcher de plus en plus près, et comme ses rencontres avec les Gorilles étaient de plus en plus fréquentes et prolongées, il s'est progressivement familiarisé avec leurs structures sociales et leurs moyens de communication.

A peu près à la même époque, une Anglaise, miss Jane Goodall a entrepris l'étude des Chimpanzés dans une réserve de la Tanzanie. A force de patience, elle est arrivée, au bout de 14 mois, à approcher de ces animaux craintifs à moins de 10-12 mètres, sans les inquiéter et sans qu'ils soient troublés dans leur comportement. Elle est parvenue à faire accepter sa présence par ces animaux sauvages au point de prendre place au milieu de la troupe, et elle s'est mise à épouiller la tête de plusieurs d'entre eux qui l'ont épouillée à leur tour !

En 1959 et 1960, pendant deux ans, madame Phyllis Jay, de l'université de Californie, a vécu sur le terrain en Inde pour étudier le comportement des Entelles. Chaque jour, de l'aube à la nuit tombée, elle tentait de s'approcher de plus en plus près de ces singes très craintifs. A la longue, elle est parvenue à faire admettre sa présence au point qu'à son arrivée matinale, les femelles et les jeunes venaient l'entourer, la tiraient par la jupe, et cherchaient à l'entraîner dans leurs jeux. Un jour, assise au milieu d'un groupe, elle s'est retournée brusquement pour prendre un carnet de notes placé dans un sac derrière elle. Elle a malencontreusement touché une jeune femelle qui s'est immédiatement enfuie. A leur première rencontre suivant cet incident fortuit, la femelle s'est détournée et a présenté son arrière-train, comme si elle s'attendait à être chevauchée. Cette attitude est celle par laquelle un Entelle apaise un individu dominant. Ainsi, en heurtant la femelle par inadvertance, madame Jay avait donc pris place dans la hiérarchie sociale des Entelles. C'est dire à quel point elle était intégrée aux singes qu'elle avait mission d'étudier. Il faudrait citer encore Suzanne Ripley qui a passé 15 mois dans la jungle à Ceylan, et Irven de Vore qui passe une bonne partie de sa vie en Afrique centrale au milieu des Babouins, et d'autres encore, de plus en plus nombreux.

Ces approches du comportement animal sont admirables,

et constituent à mes yeux le summum de ce qui s'est fait à ce jour. Exactement comme Lorenz lorsqu'il imprègne des Choucas ou des Oies auxquels il tient lieu de frère ou de mère, ces chercheurs vivent intensément l'expérience en cours. Ils tiennent un rôle dans ces expériences. Ils en sont parties intégrantes. Or, la méthode se double ici de la difficulté d'approcher ces animaux sauvages dans des régions souvent difficiles d'accès. Mais la démarche est efficace, car les observations qu'ils réalisent dans ces conditions, en s'intégrant à un groupe familial ou social, en vivant au jour le jour à la suite d'une troupe évoluant spontanément dans son milieu naturel, sont bien plus significatives que tous les tests d'intelligence réalisés en laboratoire.

Car ce qui est important en effet, ce n'est pas tant de savoir qu'un Chimpanzé peut apprendre à effectuer une opération manuelle en laboratoire pour obtenir une récompense, que de savoir qu'un Chimpanzé sauvage utilise des outils, qu'il enfonce des brindilles dans les termitières pour capturer des insectes, se sert de feuilles pour se nettoyer le pelage, et lance des bâtons et des pierres contre des intrus. Ce qui est passionnant, ce n'est pas d'exposer les peintures d'un singe de ménagerie, mais bien de chercher à savoir si son cousin sauvage vivant en brousse passe parfois ses loisirs à dessiner dans la poussière.

Grâce aux travaux de terrain réalisés au cours des dix dernières années, on possède aujourd'hui une meilleure connaissance des structures sociales chez les singes que l'on peut grouper, sous cet angle, en quatre catégories.

La plupart des Prosimiens, nocturnes ou crépusculaires, sont solitaires et très intolérants; les mâles sont agressifs et ne s'associent que temporairement aux femelles; ils ne supportent plus le jeune dès qu'il atteint la maturité sexuelle.

Une série de singes arboricoles et diurnes forment des groupes familiaux permanents et monogames comptant le mâle, la femelle, les jeunes de l'année, et parfois ceux des années précédentes, mais encore immatures. C'est le cas de l'Indri et du Gibbon lar.

La majorité des singes diurnes et arboricoles forment cependant des groupes multifamiliaux beaucoup plus importants. Ceux-ci sont faiblement structurés; il n'y a pas de hiérarchie établie et on n'y trouve pas de guide unique. La composition des troupes n'est pas rigide. Un individu peut passer de l'une à l'autre et s'intégrer aisément. C'est le cas des Singes Hurleurs et des Singes Araignées d'Amérique latine, des Colobes et Chimpanzés d'Afrique, des Langurs des Indes.

Enfin les singes terrestres des savanes — Macaques asiatiques et Babouins africains — forment des groupes sociaux fermés, très structurés, stables et rigides, basés sur des rapports complexes de dominance-subordination, et comptant plusieurs classes, elles-mêmes hiérarchisées. Un mâle dominant, responsable de la conduite du groupe, et qui monopolise les femelles, est entouré de mâles adultes de différents rangs. Cette caste de « seigneurs » est entourée par les femelles adultes, elles-mêmes hiérarchisées, et qu'accompagnent leurs jeunes non indépendants. Enfin, la classe inférieure se compose des mâles subadultes. Chez certaines espèces, les mâles dominants sont supérieurs à toutes les femelles. Chez d'autres, les mâles des rangs inférieurs sont dominés par les femelles des rangs les plus élevés. Le rang dépend de l'âge, de la taille, de la force, et de l'agressivité. Un sujet dominant se réserve les femelles, les meilleurs emplacements pour dormir, les meilleurs morceaux de nourriture. Les autres ne se servent qu'après lui. Sous peine d'être immédiatement contesté, il doit entretenir et affirmer sa supériorité en toute occasion.

Pour communiquer entre eux, dans les relations de dominance-subordination ou dans les relations parentales, les singes ne disposent pas de moyens plus élaborés que les autres animaux. Les plus doués d'entre eux produisent une trentaine de sons diférents. Ce n'est guère plus que certains oiseaux chanteurs, et la plupart d'entre eux possèdent un répertoire du même ordre que les carnassiers, les rongeurs, et les ongulés. De plus, comme chez les autres animaux, ces sons ont la valeur d'interjections. Ils sont rivés au présent et au concret. Ils sont simplement l'expression des motivations en jeu. Celles-ci se traduisent aussi par un répertoire d'attitudes et, surtout, de mimiques faciales, mais celles-ci ne sont ni plus abondantes, ni plus accentuées que celles des chiens et des chats, par exemple. Ces attitudes, ces cris, ces mimiques sont des signaux dont la signification est connue des partenaires. Ils sont, souvent, rehaussés ou soulignés par des structures ou colorations, comme les callosités fessières ou le grand nez somptueusement décorés des Babouins et des Mandrilles. En observant les Gorilles, Schaller était parvenu à comprendre la signification des modifications de l'expression du visage, des moindres plissements d'yeux. Il avait aussi remarqué qu'en signe d'apaisement, le Gorille secoue énergiquement la tête. Un jour que, au détour d'un chemin, il s'était trouvé nez à nez avec un énorme mâle, il a secoué la tête en signe d'apaisement, et le Gorille s'est écarté et détourné tranquillement.

Depuis que les travaux de terrain nous ont rapporté cette foule de renseignements que je n'ai fait qu'évoquer, il est devenu possible d'élaborer en parfaite connaissance de cause, des programmes cohérents de recherches en laboratoires qui se rattachent au réel. Les études de Mason et de Harlow (in Bourlière et De Vore) sur le rôle des parents et des compagnons de jeux dans la socialisation des Primates sont des modèles du genre. On sait en effet qu'un jeune singe dépend très longtemps de sa mère, et puis, qu'à l'abri du groupe familial ou social, il est associé à des jeunes de son âge au milieu desquels il grandit. On a donc comparé le comportement de Macaques rhésus nés en captivité et élevés à l'écart des parents et de tout compagnon de jeux, au comportement normal des mêmes singes dans la nature, et surtout, au comportement d'un lot de Macaques qui avaient été capturés et importés comme adolescents, soit après la période de compagnonnage. On s'est rendu compte que les sujets élevés dans l'isolement présentent un répertoire complet des comportements hérités caractéristiques de l'espèce. Mais l'usage qu'ils en font lorsqu'ils sont mis en présence de singes du même âge est mauvais et inadapté. Sur le plan sexuel, les accouplements sont moins longs, moins réussis, moins nombreux, et se font dans des positions anormales, tant de la part du mâle que de la femelle. Sur le plan social ils se révèlent agressifs; ils participent moins aux opérations mutuelles d'épouillage; leurs rapports de dominance-subordination sont mal établis, et leur position est instable et mal définie dans la hiérarchie. Ils sont moins policés, sociables et intégrés. Certains sont de véritables malades qui se mordent, se griffent et se blessent. Plus tard encore, les femelles qui ont pu être fécondées se désintéressent de leurs jeunes, ou au contraire les assujettissent à l'excès.

Ces différents comportements ont nom : délinquance juvénile, inadaptation sociale, aberration sexuelle, insuffisance ou excès d'instinct maternel. Ce type d'expérience que l'on ne peut songer à réaliser chez l'homme a énormément d'importance et d'incidence sur la psychologie humaine et les problèmes d'éducation. Elles démontrent le rôle essentiel des contacts sociaux pendant la jeunesse et l'adolescence pour assurer la bonne intégration dans la société.

On conçoit dès lors tout l'intérêt qui s'attache désormais à la constitution d'équipes interdisciplinaires groupant des zoologues, psychologues, anthropologues et psychiatres. Il appartient aux zoologues de poursuivre et d'intensifier l'analyse des comportements des Primates sur le terrain; ils doivent, en outre, au sein de ces équipes, déterminer dans quelle mesure les programmes sont compatibles avec les réalités écologiques et éthologiques, et devront dépister les comportements naturels et ceux qui s'écartent de la normalité.

Une autre conséquence de la socialisation très poussée des jeunes et des relations parentales étroites, est qu'une habitude acquise par un membre du groupe se propage et se communique aux autres. Ainsi, des chercheurs japonais ont étudié des singes qu'ils attiraient dans des clairières en mettant à leur disposition des aliments dont certains leur étaient inconnus. Il s'agissait de voir avec quelle rapidité ils s'habitueraient à les consommer. Pendant une dizaine d'années, ils ont pu suivre la progression et la transmission dans la société d'habitudes nouvelles. Il apparaît que les jeunes sont plus adaptables, mais une habitude diffuse très lentement du bas vers le haut dans la hiérarchie. Inversement, les vieux sont plus conservateurs, mais dès qu'une habitude est acquise à un niveau élevé de la hiérarchie, elle diffuse très rapidement vers la base, des vieux et dominants aux dominés, et des parents aux jeunes. Dans une de ces sociétés, une femelle d'un an et demi a appris à laver des patates douces dans la mer avant de les manger. Elle a été imitée par sa mère et ses compagnons de jeux, et de proche en proche l'habitude a diffusé dans toute la société dont elle est désormais une caractéristique culturelle. Quelques vieux mâles seulement y sont réfractaires. Or, cette habitude est maintenant passée à la génération suivante. Pour la première fois donc, et grâce à la socialisation poussée, on se trouve devant la possibilité de transmettre aux générations successives des caractères acquis.

CONCLUSIONS

L'éthologie est une science récente. Elle s'est développée il y a quelques dizaines d'années en réaction contre une psychologie animale détachée du réel et exclusivement centrée sur le laboratoire : celle des Mécanistes, des Réflexologistes, et des Behavioristes. Elle a marqué un retour aux traditions naturalistes illustrées par Fabre. Elle a mis en lumière l'extraordinaire diversité des comportements, et par conséquent, le danger des généralisations hâtives dans l'élaboration des théories explicatives. En prouvant la complémentarité entre Instinct — Taxie — et Apprentissage, elle a montré la vanité des querelles dans lesquelles se perdirent les différentes écoles de psychologie animale de la première moitié du siècle. Elle implique, au départ, une connaissance zoologique des espèces, et l'étude des animaux dans leur intégrité écologique. Elle analyse les événements dans leur cadre naturel, dans leur contexte et leur enchaînement logiques. Les interventions expérimentales sont, toujours, dictées par la situation. L'enquête éthologique, enfin, se développe selon quatre plans : elle s'attache à l'étude des causes et des mécanismes des comportements; elle en recherche la fonction et la valeur de survie; elle retrace l'évolution des comportements au niveau de l'espèce; elle en suit le développement chez l'individu.

Quelques personnalités de premier plan ont orienté son développement. Heinroth, Whitman et Huxley en ont été les pionners. Lorenz lui a donné ses titres de noblesse scientifiques, et illustre le mieux l'originalité et l'efficacité de ses méthodes. Il a atteint une connaissance inégalée des animaux. Il vit parmi eux, pénètre leur intimité, comprend leur code de signaux, échange avec eux des informations, s'intègre dans leurs structures familiales et sociales. Tinbergen et Baerends, enfin, ont développé sur le terrain l'analyse factorielle et l'étude des mécanismes du comportement avec toute la rigueur de l'enquête expérimentale, et ont réussi la difficile synthèse entre les qualités et méthodes du naturaliste et celles du chercheur de laboratoire.

Essentiellement descriptive à l'origine, l'Ethologie a rapidement débordé de ce cadre étroit. Par leur méthode d'étude de l'animal vivant en situation logique, les éthologistes sont arrivés à formuler des concepts, à imaginer des schémas ou modèles explicatifs qui ont puissamment stimulé les recherches de physiologie au niveau du comportement : l'endocrinologie et la neurophysiologie sont aujourd'hui des auxiliaires précieux de l'éthologie dans l'étude des mécanismes du comportement inné. La compréhension des relations entre l'animal et le milieu externe implique la connaissance de ses champs de perception. L'Ethologiste doit donc tenir compte des enseignements de la biophysique. Inversement, il oriente les recherches de celle-ci. L'éthologie et l'Ecologie sont des sciences qui ont chacune leur objet propre; elles ont aussi, l'une et l'autre, des centres d'intérêt communs. L'étude de l'animal en situation logique exige que l'on sache respecter son intégrité écologique, et tenir compte de ses exigences pour éventuellement reconstituer son environnement naturel en laboratoire. Inversement, le comportement des animaux est un des éléments dont l'écologie doit tenir compte dans l'étude des dynamiques de population et des relations animal-milieu. Enfin, l'étude comparative des espèces appuie la taxinomie, rejoint la Phylogénie, utilise la Génétique.

L'éthologie a donc jeté des ponts et poussé des prolongements vers les autres branches de la Biologie, qu'elle a intégrées à l'étude du comportement. Elle est devenue une science de synthèse. Elle est donc bien plus qu'une simple étude descriptive des mœurs des animaux. Elle a pris des dimensions telles qu'on peut la définir aujourd'hui comme la *Biologie du comportement*, indiquant par là qu'elle utilise les méthodes et tient compte des enseignements de toutes les disciplines modernes de la Biologie. On conçoit dès lors que le progrès de la science du comportement animal commande la constitution d'équipes interdisciplinaires où des spécialistes de formations diverses — systématiciens, écologistes, généticiens, biophysiciens, neurophysiologistes, endocrinologistes, etc. — se grouperont et collaboreront avec des éthologistes-naturalistes. Tous devront avoir un intérêt pour le comportement animal, et le coordonateur de l'équipe devra veiller à ce que le programme se développe selon les 4 plans fondamentaux propres à l'enquête éthologique : cause, fonction, évolution et développement des comportements. L'équipe constituée par Baerends à l'université de Groningen est un modèle du genre.

L'Ethologie a un intérêt en soi, mais d'autres disciplines doivent aussi tenir compte de ses enseignements. C'est le cas de toutes les sciences et de toutes les activités utilisant des animaux vivants. C'est le cas aussi de tous ceux qui s'intéressent aux comportements humains, normaux et pathologiques. Car indépendamment de toutes les acquisitions de notre propre espèce, de ses potentialités nerveuses et psychiques accrues, nous sommes bâtis sur le même modèle que les autres vertébrés, et les lois fondamentales qui régissent nos comportements sont identiques. L'étude des mécanismes du comportement chez les poissons ou les oiseaux nous intéresse donc au premier chef, et les expériences sur le rôle de la socialisation chez les singes montre tout l'intérêt de la collaboration entre éthologistes, psychologues, psychiatres et sociologues.

J'aurai atteint mon but si ce livre aide à clarifier et à mieux situer l'Ethologie dans le concert des sciences biologiques, et si les personnes s'intéressant aux sciences humaines admettent que leurs propres sciences présentent plus que des analogies avec l'Ethologie, et y plongent des racines.

Liège, le 8 juillet 1969.

BIBLIOGRAPHIE

Ouvrages

ARMSTRONG, E. A. (1947): *Bird display and behaviour*. Cambridge.

ARMSTRONG, E. A. (1963): *A study of bird song*. Oxford University Press.

BEACH, F. A. (1965): *Sex and behaviour*. New York.

CHAUVIN, R. (1969): *Psychophysiologie,* tome II. *Le comportement animal*. Masson, Paris.

DE VORE, I. (1965): *Primate behaviour: Field studies of Monkeys and Apes*. New York.

DE VORE, I. et EIMERL, S. (1966): *Les Primates*. Ed. Life.

FABRE, J. H. (1923): *Souvenirs entomologiques*. 80ᵉ éd. Paris.

FRISCH Von, K. (1955): *Vie et mœurs des Abeilles*. Paris.

GRASSE, P. P. (1963): *Zoologie, 1. L'Ethologie ou science du comportement*. Encyclopédie La Pléiade, Paris.

HINDE, R. A. (1966): *Animal Behaviour*. A Synthesis of Ethology and Comparative Psychology. Ed. Mac Graw Hill, London.

HOWARD, E. (1920): *Territory in Bird Life,* Londres.

HUXLEY, J. S. (1954): *Evolution as a process*. Allen and Unwin, Londres.

HUXLEY, J. S. (1966): *A Discussion on Ritualization of Behaviour in animals and man*. Philosophical Transactions of the Royal Society of London. Series B. Biological Sciences, n° 772, vol. 251, pp. 247-526.

JENNINGS, H. S. (1906): *Behaviour of the lower vertebrates*. New York.

JEPSEN, G., MAYR, E. SIMPSON, G. (1949): *Genetics, Paleontology and Evolution*. Princeton University Press.

JOHNSGARD, P. A. (1965): *Handbook of waterfowl behaviour*. Cornell University Press.

KOHLER, W. (1927): *The mentality of apes*. London.

LACK, D. (1946): *The life of the Robin*. London.

LOEB, J. (1918): *Forced movements, tropisms and animal conduct*. Philad. and London.

LORENZ, K. (1966): *Evolution and modification of behaviour*. A critical examination of the concepts of « learned » and « innate » elements of behaviour. University of Chicago Press.

LORENZ, K. (1968): *Il parlait avec les Mammifères, les Oiseaux et les Poissons*. Flammarion, Paris.

LORENZ, K. (1969): *L'agression*. Flammarion, Paris.

MANNING, A. (1967): *An introduction to animal behaviour*. Londres.

MARLER, P. R. et HAMILTON, W. J. (1966): *Mechanisms of animal behaviour*. J. Wiley, Londres.

PAVLOV, I. P. (1954): *Œuvres choisies*. Ed. en langues étrangères. Moscou.

RICHELLE, M. (1966): *Le conditionnement operant*. Delachaux et Niestlé, Neuchâtel.

SLUCKIN, W. (1964): *Imprinting and early learning*. Londres, Methuen.

SINGER-POLIGNAC, Colloque de la Fondation (1956): *L'instinct dans le comportement des animaux et de l'homme*. Paris.

SKINNER, B. F. (1938): *The behaviour of organisms*. Appleton-Century-Crofts. New York.

SMITH, S. (1947): *How to study birds*. Collins, Londres.

TEMBROCK, G. (1967): *Eléments de psychologie animale*. Gauthier-Villars, Paris.

THINES, G. (1966): *Psychologie des animaux*. Dessart et Mardaga, Bruxelles.

THORNDIKE, E. L. (1898): Animal Intelligence — An experimental study of the associative processes in animals. *Psychol. Monog., 2,* 8.

THORPE, W. H. (1961): *Bird Song.* Cambridge University Press.

THORPE, W. H. (1964): *Learning and instinct in animals.* Methuen, London, 558 pp.

TINBERGEN, N. (1953 a): *L'étude de l'Instinct.* Payot, Paris.

TINBERGEN, N. (1953 b): *The herring gull's world.* Collins, London.

TINBERGEN, N. (1953 c): *Social Behaviour in Animals.* Methuen, London.

TINBERGEN, N. (1961): *Carnets d'un naturaliste.* Hachette, Paris.

TINBERGEN, N. (1966): *Animal behaviour.* Ed. Life.

UEXKÜLL, J., von (1928): *Theoretische biologie.* Berlin.

VERLAINE, L. (1913-1939): *Œuvres complètes.* Bibliothèque du Cercle des Entomologistes liégeois, Institut Van Beneden, Liège.

VIAUD, G. (1951): *Les Tropismes.* Paris.

WICKLER, W. (1968): *Le mimétisme animal et végétal.* Univers des conniassances, Hachette, Paris.

Autres références

BAERENDS, G. P. (1941): Fortpflanzungsverhalten und Orientierung der Grabwespe *Ammophila campestris*. *Tijdschr. Entomologie, 84*, 68-275.

BAERENDS, G. P. (1950): Specialization in organs and movements with a releasing function. *Symp. IV Soc. Exp. Biol.* 337-360.

BAERENDS, G. P. (1960): Het organisme in zijn gemeenschap: aard en herkomst der communicatiemiddelen bij dieren. *Werken Rectoraat R. U. Gent, 3*, 64-84.

BAERENDS, G. P. (1962): La reconnaissance de l'œuf par le Goéland argenté. *Bull. Soc. Sc. de Bretagne*, XXXVII, 3-4, 193-207.

BAERENDS, G. P. (1964): The research programme of the zoological laboratory of the University of Groningen. *Archives Néerland. de Zoologie*, XVI, 1, 149-171.

BAERENDS, G. P. and BAERENDS-Van ROON, J. M. (1950): An introduction to the study of the ethology of Cichlid fishes. *Behaviour*, suppl. n° 1, 1-242.

BAERENDS, G. P. und BLOKZIJL, G. J. (1963): Gedanken über das Entstehen von Formdivergenzen zwischen Homologen Signalhandlungen verwandter Arten. *Z. f. Tierpsychol., 20*, 517-528.

BASTOCK, M., MORRIS, D., MOYNIHAN, M. (1953): Some comments on conflict and thwarting in animals. *Behaviour, 6*, 66-84.

BIERENS de HAAN, J. A. (1937): Uber den Begriff des Instinktes in der Tierpsychol. *Folia Biotheoretica* II — Instinctus, 1-16.

BIERENS de HAAN, J. A. (1948): Animal psychology and the science of animal behaviour. *Behaviour I*, pp. 71-80.

BLEST, A. D. (1957): The function of eyespot patterns in the Lepidoptera. *Behaviour, 11*, 209-256.

BOURLIERE, F. (1965): Réflexions sur la biologie sociale des Primates, pp. 245-261. In Aubier-Montaigne, *La biologie, acquisitions récentes*. Centre international de Synthèse.

CARMICHAEL, L. (1926-27): The development of behaviour in vertebrates experimentally removed from the influence of external stimulation. *Psychol. Rev., 33*, 51-58; *34*, 34-47.

CRAIG, W. (1918): appetites and aversions as constituents of instincts. *Biol. Bull., 34*, 91-107.

CRANE, J. (1949): Comparative biology of salticid spiders at Rancho Grande Venezuela: IV. An analysis of display. *Zoologica, 34*, 159-214.

CRANE, J. (1952): A comparative study of innate defensive behaviour in Trinitad Mantids (Orthoptera, Mantoidea). *Zoologica, 37*, 259-294.

CRANE, J. (1957): Basic patterns of display in fiddler Crabs (Ocypodidae, Genus *Uca*). *Zoologica, 42*, 69-82.

CULLEN, E. (1957): Adaptations in the Kittiwake to cliffnesting. *Ibis, 99*, 275-302.

DE LANNOY, J. (1967): Zur Prägung Instinkthandlungen. *Z. f. Tierpsychol.* 24, 162-200.

DESTEXHE-GOMEZ, F. et RUWET, J.-Cl. (1967): Imprégnation et cohésion familiale chez les Tilapia (Poissons Cichlides). *Ann. Soc. Zool. Belg., 97*, 161-173.

DILGER, W. C. (1962): The behaviour of love-birds. *Scient. American, 206*, 88-98.

EIBL-EIBESFELDT, I. et WICKLER, W. (1962): Ontogenese und Organisation von Verhaltensweisen. *Fortschritte der Zoologie, 15*, 354-377.

FABER, A. (1953): Die Lant- und Gebärdensprake bei Insekten. Orthoptera I. *Mitt. Staatl. Mus. Naturk. Stuttgart, 287*, 1-198.

GODEFROID, J. (1968): Essai de mesure d'un comportement instinctif à l'aide du conditionnement operant. L'amassement chez le Hamster doré. Thèse non publiée. Liège.

HEINROTH (1911): Beitrage zur Biologie namentlich Ethologie und Psychologie der Anatiden. *Verh. Inter. Ornith. Kongr.*, 589-702.

HESS, E. H. (1958): Imprinting in Animals. *Scientific American, 198*, 81-90.

HESS, W. R. (1943): in *Helvetica Physiologica acta*, vol. *1* et *2*.

HINDE, R. A. (1956): Territory review. *Ibis, 98*, 340.

HINDE, R. A., THORPE, W. H., VINCE, M. A. (1956): The following response of young coots and moorhens. *Behaviour, 11*, 214-242.

HOLST, E., von et St-PAUL, U. von (1962): Electrically controlled behaviour. *Scientific American, 206*, 50-59.

HUXLEY, J. S. (1914): The courtship behaviour of the Great crested Grebe (*Podiceps cristatus*): with addition to the theory of sexual selection. *Proc. Zool. Soc. London*, 491-562.

HUXLEY, J. S. (1923) : Courtship activities in the Red-throated Diver (*Colymbus stellatus*); toghether with a discussion on the evolution of courtship in Birds. *Lourn. Limn. Soc. London, 35,* 253-291.

HUXLEY, J. S. (1934) : A natural experiment on the territorial instinct. *British Birds,* XXVII, 270-277.

HUXLEY, J. S. (1963) : Lorenzian Ethology. *Z. f. Tierpsychol., 20,* 401-409.

IERSEL, J. J., Van (1953) : An analysis of parental behaviour of the male three-spined stickleback. *Behaviour,* supp. 3.

IERSEL, J. J., Van et BOL, A. C. (1958) : Preening of two tern species. A study on displacement activities. *Behaviour, 13,* 1-88.

JACOBS, W. (1953) : Verhaltensbiologische studien and Feldheuschrecken. *Z. f. Tierpsychol., 1,* 1-228.

JONAWITZ et GROSSMAN (1949) : Some factors affecting food intake of normal dogs and dogs with œsophagotomy and gastric fistulas. *Am. J. Physiol., 159* 143-48.

KOEHLER, O. (1963) : Konrad Lorenz 60 Jahre. *Z. f. Tierpsychol., 20,* 4, 385-401.

KONISHI, M. (1965) : The role of auditory feed-back in the control of vocalization in the white-crowned sparrow. *Tierpsychol., 22,* 770-83.

KORTLAND, A. (1940) : Wechselwirkung zwischen Instinkten. *Arch. Néerl. Zool., 4,* 443-520.

KORTLAND, A. (1956) : Aspects and prospects of the concept of Instinct. Vicissitudes of the hierarchy theory. *Arch. Néerl. de Zoologie, 11,* 155-284.

LEHRMAN, D. (1953) : A Critique of Konrad Lorenz' theory of Instinctive Behaviour. *Quart. Rev. Biol., 28,* 337-363.

LEHRMAN, D. S. (1964) : The reproductive behaviour of ring-doves, *Scientific American,* 188.

LORENZ, K. (1935) : Der Kumpan in der Umwelt des Vogels. *J. Ornith., 83,* 596-607.

LORENZ, K. (1937) : The companion in the birds'world. *Auk, 54,* 245-273.

LORENZ, K. (1937) : Uber den Begriff der Instinkthandlungen. *Fol. Biothéor., 2,* 17-50.

LORENZ, K. (1941) : Vergleichende Bewegungstudien an Anatiden. *Supp. J. Ornith., 89,* 194-294.

LORENZ, K. (1950): Ethologie der Graugans *Anser anser*. *Encyclopedia cinematographica, C 560.*

LORENZ, K. (1958): The evolution of behaviour. *Scientific American,* 199 (6), 67-78.

LORENZ, K. (1960): Prinzipien der vergleichenden Verhaltensforschung. *Fortschritte der Zoologie,* 12, 265-294.

LORENZ, K. (1961): Phylogenetische Anpassung und adaptive Modifikation der Verhaltens. *Z. f. Tierpsychol.,* 18, 139-187.

LORENZ, K. und TINBERGEN, N. (1938): Taxis und Instinkthandlung in der Eirollbewegung der Graugans. *Z. f. Tierpsychol.,* 2, 1-29.

MARLER, P. et TAMURA, M. (1964): Culturally transmitted Patterns of vocal behaviour in sparrows. *Sciences, 146,* 1483-86.

MARLIER, G. (1959): Observations sur la biologie littorale du lac Tanganyika. *Rev. Zool. Bot. Afr.,* vol. 59, 1-2, pp. 164-184.

MAYR, E. (1950): Speciation phenomena in Birds. *Amer. Nat., 74,* 249-78.

MONFORT-BRAHAM, N. et RUWET, J.-Cl. (1967): Les déclencheurs dans le comportement sexuel du *Pelmatochromis subocellatus Gunther* (Poisson Cichlide). *Ann. Soc. R. Zool. Belg.,* 97, 131-159.

MORRIS, D. (1957): « Typical intensity » and its relation to the problem of ritualisation. *Behaviour, 11,* 1-12.

MOYNIHAN, M. (1955): Some aspects of reproductive behaviour in the black-headed gull and related species. *Behaviour,* suppl. 4.

NICE, M. M. (1937-1943): Studies on the life history of the song sparrow, I et II. *Trans. Lin. Soc. New York,* vol. 4 et 6.

PELKWIJK, J. J., ter und TINBERGEN, N. (1937): Eine reitzbiologische Analyse einiger Verhaltensweisen von *Gasterosteus aculeatus* L. *Z. f. Tierpsychol., 1,* 193-201.

ROEDER, K. D. (1963): Ethology and neurophysiology. *Z. f. Tierpsychol., 20,* 434-445.

ROTHENBUHLER, W. C. (1964): Behaviour genetics of nest cleaning in honey-bees. I. Responses of four inbred lines to disease-killed brood. *Animal Behaviour, 12,* 578-83.

ROTHENBUHLER, W. C. (1964): Behaviour genetics of nest cleaning in honey-bees. II. Responses of Fl and backcross generations to disease-killed brood. *Am. Zoologist, 4,* 111-123.

RUWET, J.-Cl. (1959): Aspects du problème du cantonnement

chez des oiseaux de la Réserve de Genk. *Le Gerfaut*, *49*, 163-203.

RUWET, J.-Cl. (1963): Observations sur le comportement sexuel de *Tilapia macrochir* (Poissons Cichlides) au lac de retenue de la Lufira. *Behaviour, 20,* 242-250.

RUWET, J.-Cl. et VOSS, J. (1966): L'étude des mouvements d'expression chez les *Tilapia* (Poissons Cichlides). *Bull. Soc. Sc. Liège, 35,* 778-800.

SALZEN, E. A. (1967): Imprinting in birds and primates. *Behaviour, 28,* 232-254.

SCHEIN, M. W. et HALE, E. B. (1959): The effect of early social experience on male sexual behaviour of androgen injected turkeys. *Anim. Behav., 7,* 189-200.

SCHLEIDT, W. (1962): Die historische Entwicklung der Begriffe « Angeborenes anslösendes Schema » und « Angeborener Auslösermechanismus » in der Ethologie. *Z. f. Tierpsychol., 21,* 235-256.

SCHUTZ, F. (1965): Sexuelle Prägung bei Anatiden. *Z. f. Tierpsychol., 22,* 50-103.

SEITZ, A. (1940-42): Die paarbildung bei einiger Cichliden. *Z. f. Tierpsychol., 4,* 40-84, *5,* 74-101.

SKINNER, B. F. (1963): Behaviorism at Fifty. *Science, 140,* 951-958.

THORPE, W. H. (1960): Ethology as a new branch of biology, in *Perspectives in Marine Biology.* (Ed. Buzzati-Traverso) Univ. California Press, pp. 411-428.

THORPE, W. H. (1965): Ethology and consciousness, in *Semaine d'étude sur cerveau et expérience consciente,* pp. 705 à 709. Pontifica Academia Scientiarum.

TINBERGEN, N. (1939): Field observations of east-Greenland birds. II. The behaviour of snow bunting in spring. *Trans. Lin. Soc. New York,* vol. 5.

TINBERGEN, N. (1948): Social releasers and the experimental method required for their study. *The Wilson Bull., 60,* 1, 6-51.

TINBERGEN, N. (1952): Derived activities. Their causation, biological significance, origin and emancipation during evolution. *Quart. Rev. Biol., 27,* 1-32.

TINBERGEN, N. (1952): The curious behaviour of the stickleback. *Scientific American,* Dec. 414.

TINBERGEN, N. (1959): Comparative studies of the behaviour of Gulls (Laridae): a progress report. *Behaviour, 15,* 1-70.

TINBERGEN, N. (1960): The evolution of behaviour in Gulls. *Scientific American,* 456.

TINBERGEN, N. (1963): On aims and methods of ethology. *Z. f. Tierpsychol., 20,* 410-433.

TINBERGEN, N., KUENEN, J. D. (1939): Uber die auslösenden und die richtunggebenden Reitzsituationen der Sperrbewegung von jungen Drosseln (*Turdus m. merula* L. und *T. e. ericetorum* Turton). *Z. f. Tierpsychol.,* 3, 37-60.

TINBERGEN, N., MEEUSE, B. J. A., BOEREMA, L. K., VAROSSIEAU, W. W. (1942): Die Balz des Samtfalters, *Eumenis* (= Satyrus) *semele* (L). *Z. f. Tierpsychol., 5,* 182-226.

TINBERGEN, N. and PERDECK, A. C. (1950): On the stimulus situation releasing the begging response in the newly hatched herring gull chick (*Larus a. argentatus* Pontopp.). *Behaviour, 3,* 1-38.

TSCHANTZ, B. (1959): Zur Brutbiologie der Trottelume (*Uria aalge*). *Behaviour, 14,* 1-100.

VOSS, J. et RUWET, J. Cl. (1966). Inventaire des mouvements d'expression chez les *Tilapia guineensis* et *macrochir* (Poissons Cichlides). *Ann. Soc. Zoo. Belg., 96,* 145-188.

WALL, W., Von de (1963): Bewegungstudien an Anatinen. *J. Ornith., 104,* 1-15.

WALL, W., Von de (1968): Le comportement des canards hybrides. *Ann. Soc. R. Zool. Belg., 98,* 125.

WATSON, J. B. (1913): Psychology as the behaviorist views it. *Psychol. Rev., 20,* 158-177.

WEISS, P. (1941): Autonomous versus reflexogenus activity of the central nervous system. *Proc. Amer. Philos. Soc., 84,* 53-64.

WHITMAN, C. O. (1898): Animal Behavior. *Biol. Lect. Mar. Biol. Lab. Wood's. Hole,* Boston, 285-338.

WHITMAN, C. O. (1919): The behavior of Pigeons. *Carnegie Inst. Wash. Publ., 257,* 3, 1-161.

WICKLER, W. (1961): Okologie und Stammesgeschichte von Verhaltensweisen. *Fortschr. Zool., 13,* 303-365.

WICKLER, W. (1963): Zum Problem der Signalbildung, am Beispiel der Verhaltensmimikry zwischen *Aspidontus* und *Labroides. Z. f. Tierpsychol., 20,* 657-679.

TABLE DES MATIERES

Chapitre I. *Introduction* — *Ethologie ou psychologie animale ?* 7

Chapitre II. *L'animal et le monde extérieur* . . . 23
Les stimuli effecteurs — La méthode des leurres — Les stimuli-signaux — Le mécanisme inné de déclenchement — Confusion et adaptation — Nature configurationnelle des stimuli — Sommation hétérogène et stimuli supranormaux — Stimuli déclencheurs et stimuli directeurs — Dualité de la réponse.

Chapitre III. *Les mécanismes du comportement inné* . 59
Spontanéité du comportement — Appétence et consommation — Mesure des motivations — Nature des facteurs internes — Conflits de motivation — Synthèse explicative du comportement inné — Interactions entre facteurs internes et externes.

Chapitre IV. *Evolution et comportement* 99
Ethologie et taxinomie — Ethologie et phylogénie — Génétique du comportement — Mécanisme de l'évolution du comportement — Le caractère adaptatif du comportement — Les enseignements de l'éthologie comparative — Comportement et spéciation.

Chapitre V. *Le développement du comportement* . . 137
Instinct et apprentissage — Mise en place et maturation du comportement — Interactions entre patrons hérités et apprentissage — Dispositions innées à apprendre — Les apprentissages — Empreinte et imprégnation.

Chapitre VI. *La vie sociale des animaux* 173
Les sociétés communautaires d'Insectes — Hiérarchies sociales et territoire — Sociétés et familles de Poissons — Le cantonnement chez les Oiseaux — Les sociétés de Singes.

Conclusions 209

Bibliographie 213

PSYCHOLOGIE ET SCIENCES HUMAINES

collection publiée sous la direction de MARC RICHELLE

1 Dr Paul Chauchard
   LA MAITRISE DE SOI, *7ᵉ éd.*

5 François Duyckaerts
   LA FORMATION DU LIEN SEXUEL, *8ᵉ éd.*

7 Paul-A. Osterrieth
   FAIRE DES ADULTES, *12ᵉ éd.*

9 Daniel Wildlöcher
   L'INTERPRETATION DES DESSINS D'ENFANTS, *7ᵉ éd.*

11 Berthe Reymond-Rivier
    **LE DEVELOPPEMENT SOCIAL DE L'ENFANT
    ET DE L'ADOLESCENT,** *6ᵉ éd.*

12 Maurice Dongier
    NEVROSES ET TROUBLES PSYCHOSOMATIQUES, *5ᵉ éd.*

13 Antoine Vergote
    PSYCHOLOGIE RELIGIEUSE, *4ᵉ éd.*

15 Roger Mucchielli
    INTRODUCTION A LA PSYCHOLOGIE STRUCTURALE, *3ᵉ éd.*

16 Claude Köhler
    JEUNES DEFICIENTS MENTAUX, *3ᵉ éd.*

18 Maurice Jeannet
    LE PSYCHOLOGUE ET LA SELECTION DES CADRES

19 Philippe Malrieu
    CONSTRUCTION ET FONCTION DE L'IMAGINAIRE

20 Gaston Mialaret
    L'APPRENTISSAGE DES MATHEMATIQUES

21 Dr P. Geissmann et Dr R. Durand
    LES METHODES DE RELAXATION, *3ᵉ éd.*

22 H. T. Klinkhamer-Steketée
    PSYCHOTHERAPIE PAR LE JEU, *2ᵉ éd.*

23 Louis Corman
    L'EXAMEN PSYCHOLOGIQUE D'UN ENFANT, *2ᵉ éd.*

24 Marc Richelle
    POURQUOI LES PSYCHOLOGUES ?, *4ᵉ éd.*

25 Lucien Israel
    LE MEDECIN FACE AU MALADE, *3ᵉ éd.*

27 B. F. Skinner
    LA REVOLUTION SCIENTIFIQUE DE L'ENSEIGNEMENT, *2ᵉ éd.*

28 Colette Durieu
    LA REEDUCATION DES APHASIQUES

29 J. C. Ruwet
    ETHOLOGIE : BIOLOGIE DU COMPORTEMENT : *2ᵉ éd.*

30 Eugénie De Keyser
    ART ET MESURE DE L'ESPACE

32 Ernest Natalis
    CARREFOURS PSYCHOPEDAGOGIQUES

33 E. Hartmann
BIOLOGIE DU REVE

34 Georges Bastin
DICTIONNAIRE DE LA PSYCHOLOGIE SEXUELLE

35 Louis Corman
PSYCHO-PATHOLOGIE DE LA RIVALITE FRATERNELLE

36 Dr G. Varenne
L'ABUS DES DROGUES

37 Christian Debuyst, Julienne Joos
L'ENFANT ET L'ADOLESCENT VOLEURS

38 B.-F. Skinner
L'ANALYSE EXPERIMENTALE DU COMPORTEMENT

39 D. J. West
HOMOSEXUALITE

40 R. Droz et M. Rahmy
LIBRE PIAGET, *2ᵉ éd.*

41 José M. R. Delgado
LE CONDITIONNEMENT DU CERVEAU
ET LA LIBERTE DE L'ESPRIT

42 Denis Szabo, Denis Gagné, Alice Parizeau
L'ADOLESCENT ET LA SOCIETE

43 Pierre Oléron
LANGAGE ET DEVELOPPEMENT MENTAL

44 Roger Mucchielli
ANALYSE EXISTENTIELLE ET PSYCHOTHERAPIE
PHENOMENO-STRUCTURALE

45 Gertrud L. Wyatt
LA RELATION MERE-ENFANT ET L'ACQUISITION DU LANGAGE

46 Dr Etienne De Greeff
AMOUR ET CRIMES D'AMOUR

47 Louis CORMAN
L'EDUCATION ECLAIREE PAR LA PSYCHANALYSE

48 Jean-Claude Benoit et Mario Berta
L'ACTIVATION PSYCHOTHERAPIQUE

49 T. Ayllon et N. Azrin
TRAITEMENT COMPORTEMENTAL
EN INSTITUTION PSYCHIATRIQUE

50 G. Rucquoy
LA CONSULTATION CONJUGALE

51 R. Titone
LE BILINGUISME PRECOCE

52 G. Kellens
BANQUEROUTE ET BANQUEROUTIERS

53 François Duyckaerts
CONSCIENCE ET PRISE DE CONSCIENCE

54 Jacques Launay, Jacques Levine et Gilbert Maurey
LE REVE-EVEILLE-DIRIGE ET L'INCONSCIENT

55 Alain Lieury
LA MEMOIRE

56 Louis Corman
NARCISSISME ET FRUSTRATION D'AMOUR